Aufgewachsen in MAINZ

in den 40er und 50er Jahren

IMPRESSUM

Bildnachweis:
ullstein bild S. 21, 26/27, 47, 55, 60, 63; Dieter Fohrman S. 51; Eduard Bouwman/Harald Neise S. 24; Frank Michna S. 20; S. 12 Archiv Altmünsterkirche; S. 11 oben Mainzer Journal vom 27.12.1933; S. 28 Foto Dönges
Alle übrigen Bilder stammen aus dem Archiv des Autors.

Titelgestaltung:
Mädchenmotiv: Privatarchiv R. Bogena
Jungenmotiv: Presse-Bild-Poss, Dipl.-Ing. Oscar Poss
Stadtmotiv: Ottfried Wolf

Das Bild von S.42 wurde folgender Publikation entnommen: Gottfried Braun, Schwabenheim an der Selz – Geschichte eines rheinhessischen Dorfes. Herausgegeben von der Gemeinde Schwabenheim.

Wir danken allen Lizenzträgern für die freundliche Abdruckgenehmigung. In Fällen, in denen es nicht gelang, Rechteinhaber an Abbildungen zu ermitteln, bleiben Honoraransprüche gewahrt.

1. Auflage 2008
Alle Rechte vorbehalten, auch die des auszugsweisen Nachdrucks
und der fotomechanischen Wiedergabe.
Layout: Ravenstein und Partner, Verden
Satz: Sislak Design Werbeagentur, Bad Soden-Salmünster
Druck: Bernecker MediaWare AG, Melsungen
Buchbinderische Verarbeitung: Buchbinderei Büge, Celle

© Wartberg Verlag GmbH & Co. KG
34281 Gudensberg-Gleichen · Im Wiesental 1
Telefon: 05603/93050 · www.wartberg-verlag.de

ISBN: 978-3-8313-1870-4

Verehrte Leserinnen und Leser,

unsere gemeinsame Geschichte und persönlichen Geschichtchen sollten uns wert sein aufgeschrieben zu werden, in der Hoffnung, dass sie von möglichst vielen Leuten, besonders der jüngeren Generationen, mit Interesse gelesen werden. Sie sollen unseren Nachgeborenen einen möglichst realistischen, aber auch amüsanten Einblick in das Leben ihrer Vorfahren ermöglichen, das trotz allen kriegsbedingten Leids auch Glück und Freude bereithielt. Wir durften als unmittelbar Beteiligte nach dem Krieg eine neu entstehende, demokratische Gesellschaft mit ihrer expandierenden Wirtschaft, wahren Quantensprüngen an neuen Erkenntnissen und Entwicklungen in Wissenschaft, Medizin und Technik miterleben und mitgestalten. Kinderglück und extremes Leid waren die beiden Pole, zwischen denen sich unser Leben abspielte. In jungen Jahren hatten wir bereits ein ausgeprägtes Bewusstsein für alles, was sich um uns herum an Erfreulichem und Schrecklichem abspielte. Sechs Jahre lang ertrugen wir die Gräuel des Krieges. Es ist daher unvermeidlich, dass wir Kinder der 40er- und 50er-Jahre auch über unsere furchtbaren, leidvollen Erlebnisse und Erfahrungen während des Bombenterrors berichten, dem unser altehrwürdiges, geschichtsträchtiges goldenes Mainz und mehrere Tausend Menschen zum Opfer fielen. Bald wurden die Ehemänner und Väter eingezogen und mussten ihre Familien verlassen.

Gerd Morlock im Alter von fünf Jahren

Unsere Tagesabläufe wurden in den 40er-Jahren maßgeblich durch Schule, Hausarbeiten, Spielen auf Straßen, Plätzen und Brunnen, und den zwangsläufigen Fliegeralarmen bestimmt – der Krieg war nicht „der Vater aller Dinge", wie Heraklit oft falsch zitiert wird.

Lassen Sie sich in die 40er- und 50er-Jahre entführen, die Zeit, in der wir aufgewachsen sind.

Gerd Morlock

Leben und leben lassen

Mainz war die Hauptstadt der Provinz Rheinhessen. Humor, eine diebische Freude am „Utzen" (jemand spaßeshalber auf den Arm nehmen), rheinischer Frohsinn, Gemütlichkeit und die Weltoffenheit sind die liebens- und lobenswerten Eigenschaften, die den echten Mainzern und Rheinhessen als besondere Gaben mit in die Wiege gelegt werden. „Leben und leben lassen" ist seit vielen Jahren ein Grundsatz der hier ansässigen Menschen – der meisten jedenfalls. Diese Charaktereigenschaften und die edlen Tropfen, die aus sonnenverwöhnten Trauben durch der Winzermeister Kunst hergestellt werden, bilden die wunderbare Mischung, die die Mentalität echter „Määnzer" und „Rhoihesse" auszeichnet. Übrigens, ob „Meenz" oder „Määnz" gesagt und geschrieben wird, darüber wird man sich in Mainz noch in hundert Jahren streiten. Dem echten „Mee(ää)nzer" dürfte es sowieso völlig „worschtegal" sein.

Fastnachtskostüm: der kleine Holländer mit Pfeifchen

Allen wohl und niemand weh ...

Unser zweiter Leitspruch „Allen wohl und niemand weh (Karneval beim MCC)", ist das Sitzungsmotto des Mainzer Carneval-Clubs.
Wir „Määnzer" sind die einzigen Erdenbewohner, die seit ungefähr zweihundert Jahren eine „fünfte Jahreszeit" haben, nämlich unsere Fassenacht. Das größte Mainzer Volksfest findet regelmäßig sechs Wochen vor Ostern statt. Mit Aschermittwoch beginnt die sechswöchige Fastenzeit. Nach der offiziellen Eröffnung der Kampagne am 11.11. um 11:11 Uhr geht's im Januar los: Nunmehr beginnt die Saalfassenacht. An fast jedem Wochenende veranstalten Vereine und Kooperationen ihre Sitzungen in Gastwirtschaften und großen Hallen. Wochenlang wird über alle Maßen Freude geschenkt, getrunken, gesungen, geschunkelt und getanzt, im Saal „un uff de Gass". Nach einem weiteren Motto „Määnzer Blut is kää Buttermilch" war es für unsere Mütter selbstverständlich, uns Buben und Mädchen fassenachtlich zu kostümieren, damit wir zünftig und aktiv in den Kampf gegen Mucker und Philister ziehen konnten. Mit großem Eifer und Geschick entstanden mit geringsten Mitteln so kleine Kunstwerke wie der „Holländer", der „Indianer" oder die „Haremsdame" und viele weitere schöne Kostüme.
Unsere schönsten und nachhaltigsten Erlebnisse waren die Garden und Blaskapellen, die mit klin-

Links: Orden des Mainzer Carnevalvereins MCV 1951
Rechts: „Zugplagettche" 1952

Chronik

1939
„Seit 5.45 Uhr wird zurückgeschossen" – der Zweite Weltkrieg ist entbrannt.

1940
Kastel und Hechtsheim werden Opfer einzelner Bombenfehlwürfe.

1941
Mainz ist mehrmals „Gelegenheits"- und „Ausweichziel" amerikanischer Bomber, die ihr Hauptziel nicht finden konnten. Erste Todesopfer und Gebäudeschäden sind zu beklagen. Getroffen werden Hauptbahnhof, Erthalstraße und die Reduit-Kaserne in Mainz-Kastel.

1941
Am 29. Mai wird vom Soldatensender Belgrad zum ersten Mal das „Lied eines jungen Wachtpostens", gesungen von Lale Andersen, ausgestrahlt. Als „Lili Marlen" wird diese Melodie während des Krieges bei Freund und Feind frontenübergreifend äußerst beliebt.

1941
„Heimat deine Sterne", gesungen von Wilhelm Strienz, wird das meist gewünschte Lied in den „Wunschkonzerten für die deutsche Wehrmacht". Bekannt ist diese wunderschöne Melodie aus dem Rühmann-Film „Quax der Bruchpilot".

1942
11. und 12. August. Bei den bisher schwersten Luftangriffen auf unsere Stadt werden der Dom getroffen und das Stadttheater zerstört. Durch Funkenflug geraten Kuppel und Turm von St. Stephan in Brand. Durch die große Hitze spaltet ein senkrechter Riss den Kirchturm. Bauingenieur Grebner rettet nach dem Krieg durch horizontale Eisenbandagen den Turm vor dem Einsturz.

gendem Spiel durch die engen Gassen der Altstadt zogen; gefolgt von maskierten Gruppen ausgelassener Narren mit ihren Pritschen, Ratschen und Kleppern, die, sich an den Händen haltend, einen großen Lindwurm bildeten. In diese ausgelassene Heiterkeit schallte immer wieder die Mainzer Hymne, „Der Mainzer Narhalla-Marsch", komponiert von Karl Zulehner und 1844 uraufgeführt. Die „Narhalla" war die Mainzer Stadthalle, erbaut von Eduard Kreißig in den 1880er-Jahren, damals die größte Festhalle Deutschlands und die „gut Stubb" des alten Mainz. Hier fanden die Fastnachtssitzungen statt. Sie sind der Urquell der legendären literarisch-politischen Vorträge, wie sie eine Ikone des Genres, Martin Mundo, hielt:
*„Vorträg halte, ich sag's vorher,
das ist dieses Jahr sehr schwer.
Red' mer was vun Politik,
fühlt mer sich net frei im G'nick".*

Rosenmontagszug 1952

Die Krönung der „Drei Tollen Tage" war für uns der große, kilometerlange Rosenmontagszug mit seinen Garden, Schwellköbb, Pferden, Motiv- und Komiteewagen, und am Fastnachtsdienstag die Kappenfahrten der Komiteeter (Mitglieder des Komitees, Elferrats). An beiden Tagen hatten wir alle Hände voll zu tun, die vielen Wurfgeschosse wie Früchte, Bonbons, Schokoladetäfelchen mit dem „Sarotti-Mohren" drauf, zu fangen oder einzusammeln. Das ist bis heute das größte Vergnügen der Kinder.

Mainz hatte schon damals zwei weitere festliche Glanzlichter: den Johannismarkt und den Weinmarkt.

Der Johannismarkt geht auf Johannes den Täufer zurück, dessen lange Zeit zur Sommersonnenwende gedacht wurde. Im Laufe der Jahrhunderte gestaltete sich der Johannismarkt zum Fest der Erinnerung an den größten Mainzer Sohn, Johannes Gensfleisch, dem Erfinder der Druckkunst mit beweglichen Bleilettern, der in aller Welt unter dem Namen Johannes Gutenberg bekannt ist. Heute feiern wir am letzten Juni-Wochenende jeden Jahres die Johannisnacht. Herausragende Ereignisse sind das „Gautschen" angehender Gesellen der schwarzen Kunst im Wasserbottich. Sie erhalten den „Gautschbrief" und gehören somit zur Zunft.

Der erste Weinmarkt öffnete am 3. September 1932 seine Tore und wurde sofort als drittes Volksfest angenommen. Es ist ein weiteres Indiz für rheinische Feierlaune und rheinhessische Lebensfreude. Hier kann der fröhliche „Schobbestecher" seinen „Halwe petze" (genießen).

Die Garde der Mainzer Stadtsoldaten in ihren schmucken Uniformen steht im Dienste der edlen Zecher. Für alle Mainzer Garden gelten die Parolen: „Die Garde kämpft und trinkt, aber sie übergibt sich nicht", und: „Gardisten fersche sich weder vor de größte Halwe noch vor de dickste Werscht." Während der Schreckensjahre 1939 bis 1945 wurden alle großen Volksfeste, aus Gründen der Sicherheit, wie es hieß, untersagt.

Baby badet in Zinkwanne

Geboren im goldenen Mainz am Rhein

Unsere Eltern hatten in der politisch turbulenten Zeit der 30er- und 40er-Jahre neben ihren üblichen Alltagssorgen um das Wohlergehen der Familie jetzt die zusätzliche, nicht immer einfache Aufgabe, ihren Nachwuchs zu umsorgen. Zum Baden des Babys konnte Mama nicht einfach einen Heißwasserhahn aufdrehen. Den gab es in den meisten Haushalten noch nicht. Das Wasser musste sommers wie winters auf dem Küchenherd erhitzt und dann in die Zinkwanne geschüttet werden. Wenn dann der frisch gebadete Säugling aufs Badetuch gelegt und trocken gerubbelt wurde, kam Papa ins Spiel. Mit starker (und heißer) Fotolampe und Kamera ausgestattet, wurde das Kind solange in Position gebracht, bis es formatfüllend auf der Mattscheibe abgebildet und auf die Fotoplatte gebannt war. Natürlich gab der stolze Vater sich nicht mit nur einer Aufnahme zufrieden. Für das kleinkindliche Fotomodell war diese Prozedur jedoch reichlich anstrengend und unangenehm. Der Fototermin wurde dann wegen des lauten Protestgeschreis umgehend beendet. Über die gute Verdauung des Babys war die Mama natürlich hocherfreut, wenn auch die vollen Windeln eine lästige Sache waren. Wegwerfwindeln kannte man nicht. Es gab zwar Windeln zu kaufen, jedoch waren damals die Haushaltskassen knapp bemessen. So setzte sich Mutter an die Nähmaschine und nähte die Windeln eben selbst.

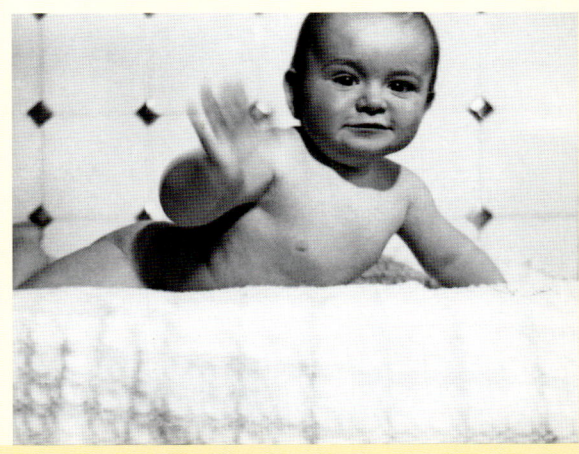

Nacktfrosch auf dem Küchentisch

Die schmutzigen Windeln wurden im großen Einmachtopf auf dem Küchenherd gekocht und mit einem Wäschestampfer so lange traktiert, bis sie wieder schneeweiß waren. Draußen vor den Balkons und Küchenfenstern flatterten sie dann lustig im Wind.
Mama cremte und puderte ihren kleinen Liebling, bis er frisch wie der junge Frühling duftete. Nach dem Füttern wurde das Baby so lange auf den Rücken geklopft, bis ein, zwei Bäuerchen kamen und der Sprössling schlafen gelegt werden konnte. Schlummerlieder wie „Guter Mond, du gehst so stille" wiegten uns in den Schlaf.

Für unsere Ausfahrten…

…standen Kinderwagen in zwei Ausführungen bereit. Da war das schnittige „Cabriolet", der Sportwagen, mit dem wir ausgefahren wurden, wenn „sibbe Sunne am Himmel gestanne habbe". Bei Schmuddelwetter nahm man die warme „Limousine" mit ihren großen, gummibereiften

Mutter mit Kind, noch keine Woche alt, im Rosengarten

Der ganze Stolz der Familie im Kinderwagen mit Paradekissen

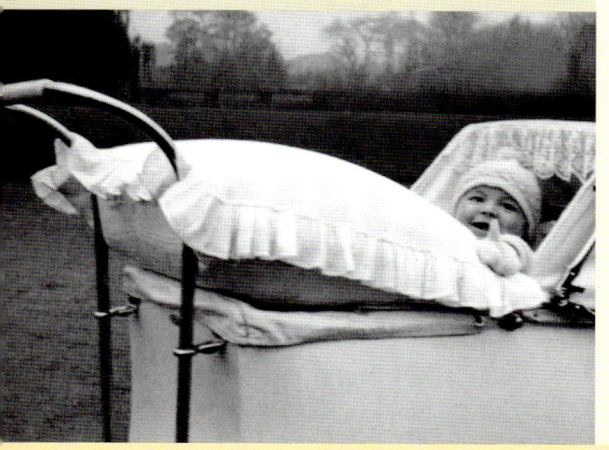

Rädern und allem Komfort. Die frisch gewaschenen Kissen und Deckbettchen waren der Stolz jeder Mutter. Die Babyausstattung kaufte man bei der ersten Adresse, dem bereits im Jahr 1929 von Andreas und Elisabeth Wirt eröffneten Fachgeschäft *Der Kinderladen*, aus dem sich kontinuierlich und insbesondere nach dem Krieg „das größte Textil- und Spielwarenhaus für Kind, Jugend und Erwachsene" im Rhein-Main-Gebiet entwickelt hat.

Aus uns Säuglingen wurden Kleinkinder, die ihr erstes Weihnachten erlebten. Mit großen Augen bestaunten wir die vielen Lichter und den Glanz des Weihnachtsbaums. Auf der Baumspitze prangte ein strahlender Rauschgoldengel. An jedem Christbaum sollte eine blaue Kerze brennen, um die Verbundenheit mit den Volksdeutschen im

Vater und Sohn an Weihnachten

Ausland zu bekunden. Unser christliches Weihnachtsfest hieß unter den Nazis „Julfest", nach dem nordischen Fest der Wintersonnenwende. Nach einer kurzen Episode im Laufstall begannen wir zu krabbeln und unternahmen erste tapsige Gehversuche. Besonders die wundervollen Dinge auf und in der Nähe des Fußbodens fesselten die ganze Aufmerksamkeit und mussten eingehend untersucht und in den Mund gesteckt werden. Da konnte auch schon mal ein kleines Krabbeltierchen darunter sein ... Die Löcher der in Bodennähe angebrachten Netzsteckdosen forderten den Entdeckerdrang geradezu heraus. Mit einem Gegenstand wurde solange in den geheimnisvoll dunklen Löchern gestochert, bis es langweilig wurde. Auf der Kommode stand das Rundfunkgerät, dessen Netz-, Antennen- und Erdungsstecker seit dem letzten Gewitter noch herausgezogen waren und auf dem Boden lagen. Durch einschlägige Beobachtungen war bekannt, dass die Bananenstecker in zwei Löcher in der Radiorückwand gesteckt werden mussten. Was lag also näher, als auszuprobieren, ob die Stecker auch in die Steckdose passten. Der erste war noch nicht richtig drin, als es einen grellen Blitz und einen lauten Schlag gab! Mit einer kleinen Rauchwolke verabschiedete sich der Stecker, und die Mutter hatte keinen Strom mehr zum Bügeln. Der Kleine „strahlte" über beide Backen.

Der erste Haarschnitt von Onkel Karl

Relikte der 40er-Jahre: Lichtschalter mit Glasabdeckung, Tischkalender, Tausendzünder, Radioröhre, Netzsteckdose mit Glasabdeckung, Dynamohandlampe, beleuchtetes Stopfei

Unser Umzug in einen Neubau

Ende der 30er-Jahre zogen wir in die Neubrunnenstraße 9, in einen Neubau aus dem Jahr 1933. Im Hinterhaus befand sich ein Kino, das Capitol, das vom Mainzer Publikum liebevoll „das Schmuckkästchen von Mainz" genannt wurde. Beide Gebäude wurden von dem bekannten Mainzer Portraitfotografen und Inhaber einer „photographischen Anstalt", Albert Kämmer Le Bret, nach den Plänen des Architekten Emil Dyrauf erbaut. Außer Küche und Flur hatten alle Wohnräume Parkettböden. Die Farbkombination rot/weiß war damals en vogue: weiße oder rote Schleiflackmöbel mit großen roten oder weißen Griffen, weiße Tapeten mit kleinen roten Tupfen, auch das Frühstücksservice und die Damenklei-

Tischventilator

der entsprachen dieser Mode. Sogar die Stühlchen und Tischchen in dem Wartezimmer unserer Kinderärztin waren knallrot. Frau Dr. Kersten war wegen ihres lieben Wesens bei unseren Eltern, besonders aber bei uns Kindern sehr beliebt. Einige unserer Eltern besaßen bereits Eisschränke, Staubsauger und elektrische Bügeleisen. Selbst elektrische Toaster und Wasserkocher konnte man schon in manchen Haushalten finden.

Unser Nachbarhaus Neubrunnenstraße Nr. 11 war das Eckhaus zur Hinteren Bleiche, in der sich der Notausgang des Capitol und eine Wirtschaft befanden. Großen Spaß hatten wir, wenn das mit zwei mächtigen Pferden bespannte Fuhrwerk der Mainzer Aktien-Bierbrauerei die Fässer frischen Bieres und das Stangeneis für den Eiskeller brachte. Ein kleineres Kastenfahrzeug mit nur einem Klepper davor hielt jeden Morgen um 9.00 Uhr vor unserem Haus. Es kam von der Altmünster-Brauerei und belieferte uns mit Stangeneis für unseren Eisschrank.

Zum Geleit!

Vertrauen in die Zeit und fester Glaube an den Wiederaufstieg Deutschlands unter unserem Führer schaffen Unternehmungslust und damit den werktätigen Volksgenossen Arbeit und Brot. So habe ich den Bau eines neuen Lichtspieltheaters gewagt, das nicht nur mit seinem Bau sondern auch mit einem Spielplan deutscher Art zielbewußt in die neue Zeit hineinragen soll.

Albert Kämmer-Le Bret.

Das Capitol 1933

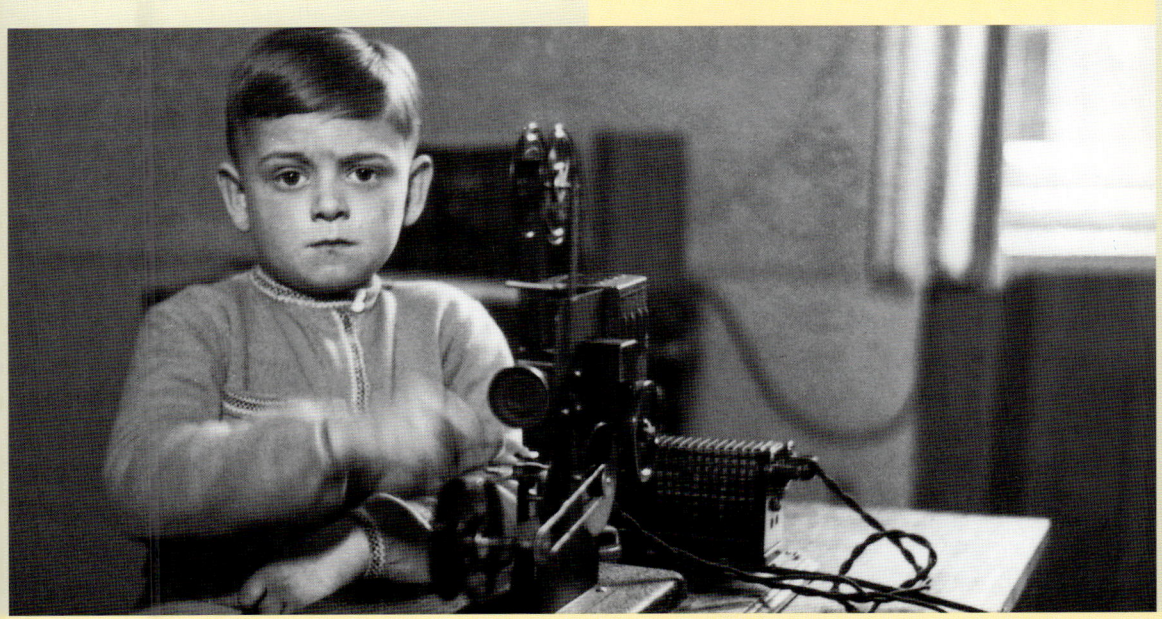

Der junge Filmvorführer

Kinder, wie die Zeit vergeht

Meine Mutter legte großen Wert darauf, dass ich sonntags zum Kindergottesdienst zu Pfarrer Job in die Altmünsterkirche ging. Die Geschichte der Altmünsterkirche geht auf eine Klostergründung um 700 zurück, war wechselweise evangelisch und katholisch; seit 1929 ist es wieder evangelisches Gotteshaus. Während der napoleonischen Besatzungszeit war das ehemalige Kloster mal Entbindungsanstalt, mal Militärlazarett.

Von 1943 an ging ich mit den anderen evangelischen „Verdelsbuwe" (Jungs aus dem gleichen Viertel) und „Verdelsmädscher" dort in den Religionsunterricht, der seinerzeit von einer sehr lieben Gemeindeschwester gehalten wurde. Sie lieh uns Bücher und übte mit uns schöne Lieder ein, damit wir an Heiligabend Flöte spielen und im Kinderchor mitsingen konnten. Trotz der Hänseleien mancher großspurigen Klassenkameraden sind wir dort sehr gern hingegangen. Kirche und Religionsstunde bildeten später einen wohltuenden, prägenden Kontrast zu unserem Alltag mit seinem Dienst in Jungvolk und BDM, geleitet von der Reichs-Jugendführung mit ihren bekannten Ideologien und Zielen.

Von unseren Eltern wurden wir zu Anstand, Fleiß, Sparsamkeit und Respekt vor Mensch und Tier erzogen. „Quäle nie ein Tier zum Scherz, denn es fühlt wie du den Schmerz" war die Maxime. Leider hielten wir uns nicht immer daran.

Von unserem kleinen Taschengeld legten wir regelmäßig ein paar Groschen auf das Sparbuch, später auch auf das Schulsparbuch. Nach Frechheiten und Streichen rutschte den Erwachsenen auch schon mal die Hand aus, wir bekamen eine Ohrfeige oder den Hosenboden versohlt.

Die Altmünsterkirche vor ihrer Zerstörung am 21. September 1944

Feierabend auf dem Strom

Wie schön, dass wieder Sonntag ist

Gearbeitet wurde von Montag bis Samstag, in der Woche mindestens 48 bis 52 Stunden. Deshalb war der Sonntag der einzige Tag, an dem man bei schönem Wetter mit der Familie etwas unternehmen konnte. „Wie schön, dass wieder Sonntag ist" lautete ein beliebter Schlager. Die Stadtmenschen drängte es hinaus an die frische Luft. Mein Vater war Filmvorführer im Capitol. Sein Beruf ließ ihm noch weniger Freizeit als die Arbeiter und Angestellten zur Verfügung hatten. Das Kino musste ja die ganze Woche über von früh bis spät spielen. Sonntags sogar schon morgens nach den Gottesdiensten. Der frühe Sonntagmorgen gehörte dem Kirchgang. Wenn Vater dann einmal frei hatte, war es für Mutter und mich ein Feiertag.

Dann fuhren wir mit den Nachbarn und deren Kindern mit der Bahn in das abenteuerliche Felsengeröll des Morgenbachtals, mit dem Köln-Düsseldorfer in den Märchenhain nach Nieder-Heimbach, oder im Omnibus zum Ober-Olmer Forsthaus.
Im Wald konnten wir Kinder uns so richtig austoben. Wir spielten Verstecken, Räuber und Gendarm und spontane Fantasiespiele. Tom Mix, der sittsame Westernheld, der hervorragend mit dem Colt umzugehen und seinen Schimmel zu reiten verstand, oder Hans Albers, der als Sergeant Berry in Mexico einen Verbrecherring zerschlug und in „Canitoga" eine Wasserleitung baute", waren unsere Helden aus Kinofilmen. Nach diesen Vorbildern stauten wir kleine Wasserläufe und imi-

Märchenhain in Nieder-Heimbach

tierten wüste Knallereien. Der starke Schäferhund eines Freundes musste als Reitpferd herhalten, bis es ihm zuviel wurde und er weglief, wenn er uns nur in der Ferne erblickte. Wenn Mädchen bei uns waren, spielten wir Siedler und Indianer. Tollkühne Kämpfe lieferte sich der „Verlobte der Siedlertochter" mit dem „Indianerhäuptling", der sie zu seiner Squaw machen wollte, während die Siedler und die Indianer sich rauften und gegenseitig „umbrachten". Wieder daheim, fielen wir todmüde ins Bett.

Am Rhein lagen die Badeschiffe, man konnte den Dreibrückenweg über Rhein und Main gehen, sich an den herrlichen Blüten im Rosengarten erfreuen, ins Licht-, Luft- und Sonnenbad gehen und vieles mehr. In Mainz zu leben war einfach schön und lohnenswert. Bei unseren Sonntagsspaziergängen hielten uns die Erwachsenen immer wieder dazu an, die Blicke an den Häusern nach oben wandern zu lassen. Mainz war berühmt für seine unzähligen Hausmadonnen, die von Fassaden und aus Erkern auf das Treiben in den Straßen hintersahen. Viele dieser wunderschönen Madonnen-Skulpturen gingen mit ihren Häusern, zu deren Schutz sie ursprünglich geschaffen wurden, in den Flammen der Luftangriffe unter.

Mutter und Sohn im Sonntagsstaat, 1940

Ferien auf dem Land

Wenn die Väter ihren Jahresurlaub nahmen – meist war er nicht länger als ein bis zwei Wochen – fuhren die meisten Familien zu ihren Verwandten aufs Land. Meine Eltern und ich nahmen den öffentlichen Omnibus der Stadt Mainz nach Jugenheim in die Sommerfrische zu Tante, Onkel, Cousine und Cousin. Dort wurde bei der Getreide- und Kartoffelernte und bei der Traubenlese geholfen. Die Buslinie endete in Stadecken. Um in das 4 Kilometer entfernte Jugenheim zu gelangen, gab es grundsätzlich zwei Möglichkeiten: zu Fuß und mit der Selztalbahn, dem „Zuckerlottche", das von Freiweinheim nach Jugenheim verkehrte. Auf der

In den Ferien ging's aufs Land: Die Butter wurde in Handarbeit mit dem Butterfass hergestellt.

Chronik

1943
... wie 1941 und 1942 wird auch an Heiligabend der Kriegsweihnacht '43 (im Nazijargon „fünftes Kriegsjulfest") die Ringsendung des Großdeutschen Rundfunks von allen Fronten übertragen.

1943
Bei Angriffen auf Wiesbaden und Frankfurt leiden Kastel, Kostheim und Teile der Altstadt unter Fehlwürfen.

1944
Seit den zahlreichen schweren Bombardements im September und Oktober sind alle kulturellen Veranstaltungen untersagt. Die Kinos bleiben jedoch geöffnet. Sie müssen den Menschen weiterhin eine heile Welt vorgaukeln und mit Propagandafilmen den „Durchhaltewillen der Bevölkerung stärken".

1945
In der Nacht vom 1. auf den 2. Februar wird bei einem wiederum sehr schweren Angriff auf die Neustadt die Christuskirche durch Spreng- und Stabbrandbomben total ruiniert. Die mit Kupferplatten beschlagene Holzkuppel brennt drei Tage und drei Nächte lang.

1945
Am 27. Februar wird bei dem schwersten und folgenreichsten Luftangriff des gesamten Bombenkriegs auf Mainz die Innenstadt ausgelöscht. Es sind etwa 1200 Tote, die genaue Zahl ist nicht zu ermitteln, und sehr viele Verwundete zu beklagen.

1945
Am frühen Morgen des 18. März sprengt die Wehrmacht alle drei Rheinbrücken. Die rechtsrheinischen Stadtteile sind nur noch mit einer Fähre zu erreichen.

Suche nach Kartoffelkäfern, um sie anschließend an die Hühner zu verfüttern.

Straße ließ es sich bei Sonnenschein gut marschieren, die Landschaft war sehr abwechslungsreich. Die Wanderer konnten sich noch an den zahlreichen, dicht bewachsenen Hohlwegen erfreuen, und die Chausseebäume spendeten ausreichend Schatten. Wenn wir das „Hohbergskäppchen" passiert hatten, kam der Turm der schönen evangelischen Barockkirche Jugenheims ins Blickfeld. Hin und wieder begegnete uns ein Fuhrwerk, das von Pferden, Ochsen oder Kühen gezogen wurde. Der absolute Höhepunkt unserer Reise aber war bei schlechtem Wetter die Fahrt mit dem Zuckerlottche, das seinen Spitznamen von den Zuckerrübentransporten hatte, die das Bähnchen im Herbst durchführte. Es ruckelte und zuckelte durch Felder und Wiesen, bimmelte zur Warnung an jeder Wege- und Straßenkreuzung, bis es schließlich in den Bahnhof Jugenheims einfuhr.

Ein ganz besonderes Erlebnis für uns Kinder war, wenn nach der Ernte die Dreschmaschine in das Dorf einzog. Von weitem schon kündigte sie sich

Frühstück mit den Hühnern

Erntehelfer beim Vespern in „den Unnere", d. h. um 12 Uhr mittags

durch dicken Dieselqualm und lautstarkes Blubbern ihres Bulldogs an. Das schwarze Ungetüm war der berühmte, allzeit zuverlässige Bulldog der Firma Lanz. Mit einer Lötlampe wurde zunächst seine Brennkammer vorgeheizt und anschließend mittels eines Schwungrads angeworfen. Nach einem anfänglichen und fast widerwilligen „Blubb, Blubb, Blubb" bequemte sich der Motor zu einem regelmäßigen Lauf, wobei sich das „Stahltier" schüttelte, als sei sie gerade aus tiefem Schlaf gerissen worden.

Wir hatten großen Spaß daran, barfuß durch den aufgeheizten Löß (zentimeterdicke feinste Staubablagerungen) eines Feldweges zu gehen – eine Wohltat für den ganzen Körper.

Bei der Weinlese

Zeppelin über Mainz – links das Gebäude der Allgemeinen Ortskrankenkasse am „Kleinen Markt" in der Hinteren Bleiche. Der Platz wurde später unser Schießgartenplatz.

Spiele und Streiche

Unsere Eltern konnten uns Kinder unbekümmert auf Straßen und Plätzen spielen lassen. Die „Trottwas" (Trottoirs, Bürgersteige) gehörten ausschließlich den Fußgängern, der innerstädtische Autoverkehr war nach heutigen Maßstäben gering und spielte sich hauptsächlich auf den Längs- und Querachsen ab. Wir trafen uns auf dem Schießgartenplatz, ehemals „Kleiner Markt" und „Schirrplatz". Allesamt waren wir „ausgeschlafene" Jungs und Mädchen und konnten miteinander Abenteuerliches anstellen. Da waren Norbert, genannt das „Wutzje", Josef, das „Bübsche", un viele annere. Wie jede Generation hatten auch wir unsere eigene Sprache. Begegneten wir uns auf der Straße, begrüßten wir uns mit: „Au du schebber Dackel", oder „Du Bankert, wie"? Der so Gegrüßte erwiderte: „Gut, Schebber" oder auch „Du Dreckbankert". Unsere Streiche waren meist fantasievoll, aber nie zerstörerisch.

Nur der Gassekrach zwischen zwei Vierteln konnte zu regelrechten Straßenschlachten ausarten. Wir Lausbuben schlugen uns wie die Kesselflicker. Da floss auch schon mal Blut. Viel öfter aber gab es „Knebbaache" und „Beule am Ei". Einmal musste sogar die Polizei einschreiten. Im Keller eines Elektrogeschäfts, Ecke Schießgartenstraße/Mittlere Bleiche, lagerten ausgebrannte Glühlampen, deren Sockel für die Buntmetallsammlung bestimmt waren. War es ein Sohn des Elektrikers, der uns kartonweise mit der geradezu idealen Wurfmunition versah? Jedenfalls war binnen kurzem die Straße mit Scherben übersät, die ersten Radfahrer hatten sich schnell platte Reifen geholt und „die Butze" (Polizei) gerufen.

Unsere Eltern mussten die von uns verursachten Schäden ersetzen und wir die Straße gründlich reinigen. Dass die Sache für uns so glimpflich verlief, verdankten wir unserem sympathischen „Verdelsbutze" (Polizist unseres Viertels). Protokolle gab es keine. Solche Missetaten mussten jedoch unserer Schule gemeldet werden und die wusste zu strafen. Damals wurde noch kräftig der Rohrstock geschwungen. Gegen die Schmerzen half auch kein in die Hose gestopftes Kissen. Diesen Trick kannte unser Pauker längst. Später, als wir schon im Jungvolk waren und uns die „Rohrstockaktionen" zuviel wurden, gingen wir in Uniform in die Schule. Wehe dem Lehrer, der eine Uniform zu schlagen wagte.

Auf unseren Streifzügen durch unser Viertel ging es oft recht munter zu. Wir ärgerten Hausbewohner durch „Schelleklobbe" (Klingelstreiche) und warfen Knallerbsen in die Hausgänge. Fremde Kinder riefen wir „Dicker" oder „Schebber":
„Wann eiern Schebber unsern Schebber nochemol Schebber schennt, schennt unsern Schebber eiern Schebber so lang Schebber, bis eiern Schebber unsern Schebber nit mehr Schebber schennt."
(Versuch einer Übersetzung: Wenn euer schief Gewachsener unseren schief Gewachsenen noch einmal schief Gewachsener schimpft ...)

Chronik

1945
In der Stadt geht das Gerücht um, dass die gesamte Bevölkerung nach Hessen evakuiert werden soll. Der Plan wurde jedoch wegen Undurchführbarkeit aufgegeben.

1945
Am 18. März gibt es in Mainz zum letzten Mal Fliegeralarm.

1945
Am 22. März marschieren die Amerikaner in Mainz ein. 80 % der Innenstadt sind zerstört, nur noch 7 % der Wohnungen sind unbeschädigt. 50 000–70 000 Menschen vegetieren in Kellern oder anderen Notbehausungen.

1945
Am 27. Mai gibt es in Mainz wieder Elektrizität.

1945
Im Juni transportieren die Amerikaner mit LKW den sogenannten „Zug der 41 Glas-macher", Spezialisten und Führungskräfte des „Jenaer Glaswerk Schott & Genossen, Stammwerk Jena", in den Westen. Zunächst entstehen Produktionsstätten in Zwiesel, Mitterteich und Landshut.

1945
Am 10. Juli übernehmen die Franzosen von den Amerikanern den linksrheinischen Teil als ihre Besatzungszone. Im Hauptbahnhof lautet die Lautsprecherdurchsage für die einlaufenden Züge jetzt: „Ici Mayence, Ici Mayence".

1945
Am 1. Oktober beginnt im Stadtgebiet wieder der Schulunterricht.

Nichts für Feiglinge

Um in die Gruppe aufgenommen zu werden, mussten wir Mutproben bestehen, zum Beispiel an der Straßenbrücke bei Niedrigwasser von Pfeiler zu Pfeiler über den Rhein zu schwimmen. Nicht immer waren sich alle der Gefahren bewusst, denen sie sich aussetzten. Bei den Flussquerungen hatten wir auch Mädchen dabei, die uns in Mut, Ausdauer und Willenskraft absolut nicht nachstehen wollten. Und eines Tages wäre beinahe ein tragischer Unfall passiert. Es war ausgemacht, dass man sich an den freiliegenden Sockeln der Pfeiler sammelte. So hatten wir Kontrolle darüber, ob auch jeder mitkam. Aber, ach du Schreck, es fehlte ein Mädchen. Alle sprangen zurück in die „Brühe", um nach ihr Ausschau zu halten. Die Vermisste saß am ersten Pfeiler und konnte kaum noch japsen. Zwischen dem Mainzer Ufer und uns war nur der Vater Rhein. Gemeinsam schafften wir es, das Mädchen heil nach Hause zu bringen.

Sehr beliebt war auch, im alten Festungsgelände geheimnisvolle Löcher, Gänge und Keller zu erkunden. Wer zu uns gehören wollte, musste vorher dort alleine und in völliger Dunkelheit zehn Minuten lang (eine Ewigkeit für den Kandidaten) ausharren. Die Probe für seine Standfestigkeit und Tapferkeit wurde dadurch zusätzlich gesteigert, dass wir ihm durch für ihn unsichtbare Öffnungen Geräusche und verstellte Stimmen „zuspielten". Weitere Mutproben waren, brennende Streichhölzer, solange man es ertragen konnte, zwischen den Fingern zu halten. Der Arzt musste ob dieser Dummheiten manche Brandwunde behandeln.

Mahlturm der Moguntia-Werke

Das Größte war, einen möglichst fetten Regenwurm verschlucken, auf hohen, schmalen Mauern herumturnen und auf hoch gewachsenen Bäumen bis in die Kronen klettern. Dem Lehrer hefteten wir einen mindestens vier Wochen alten stinkenden „Handkees" unters Pult oder kerbten seinen Rohrstock ein, sodass er beim nächsten Einsatz zerbrach.

Einmal haben wir es aber auf die Spitze getrieben. Bei Jacques Herrmann, Spezialgeschäft u. a. auch für Scherzartikel jedweder Art, gab es kleine gelblich-grüne Glaskugeln, sogenannte Stinkbomben, zu kaufen, die, wenn man sie auf das Pflaster schmiss, den widerlichen Geruch von faulen Eiern verbreiteten. Das Geschäft unseres Lebensmittelhändlers hatten wir für den Anschlag einstimmig ausgewählt. Nicht, weil wir mit dem netten Herrn Kehrein ein Hühnchen zu rupfen gehabt hätten. Er schenkte uns ja hin und wieder dicke „Klumbe" (Bonbons). Nein, das Attentat richtete sich gegen die einkaufenden Hausfrauen in seinem Laden, die leicht zu erschrecken waren und die sogar Angst vor Mäusen hatten. Am Ende rannten die Frauen schimpfend aus dem Geschäft, als wäre der Leibhaftige hinter ihnen her, Herr Kehrein hinterdrein. Wir trafen uns auf der Polizeiwache wieder. Unsere unschuldigen Eltern wurden streng verwarnt, und wir mussten zwei Wochen lang täglich nach der Schule Herrn Kehrein im Lager helfen. Für unsere Arbeit durften wir keinerlei Belohnung annehmen. Aber der gute Kehrein versorgte uns trotz des Verbots weiterhin mit Süßigkeiten aller Art. Außerdem wurde unsere Missetat unserer Schulleitung gemeldet, sodass wir noch zusätzlich umfangreiche Strafarbeiten aufgebrummt bekamen.

Unsere Lieblingssportarten und beliebtesten Spiele...

...waren Schwimmen, Roller fahren und Rollschuh laufen. Fußball war bei uns nicht sehr beliebt. Leidenschaftlich gerne spielten wir Schlagball, der aus zusammengenähten alten Lumpen oder Socken bestand. Es wurde geklickert und mit unseren selbst zugehauenen Marmorsteinen „gekurbelt". Klickern und Kurbeln gehörte zu den Geschicklichkeitsspielen. Das Kurbeln funktionierte so: Fünf Steine wurden, wie beim Würfeln, aus der Hand auf den Boden geworfen. Je dichter sie beieinanderlagen, umso vorteilhafter für den Fortgang des Spiels. Ein Stein wurde hochgeworfen, mit der Wurfhand wurde ein weiterer Stein ergriffen und der herabfallende mit derselben Hand aufgefangen. Das wurde dann mit zwei, drei und vier Steinen wiederholt. Zum Schluss wurden alle fünf Steine hochgeworfen, die alle auf dem Handrücken landen mussten. Wurden während des gesamten Spielverlaufs alle Steine gefangen, hatte man fünfhundert Punkte erreicht. Die Punktzahl konnte man verdoppeln, wenn man nochmals alle Steine hochwarf und diesmal mit der offenen Wurfhand auffing, was sich einfacher anhört als es ist. Meist saßen wir bei diesem Spiel auf der „Trottwakante". Mit Klickern und Kurbelsteinen ließ es sich gut „quandele" (tauschen, handeln). Auf den „Trottwas" liefen wir auf Stelzen, spielten mit unseren Mädchen Blindekuh, traktierten den „Dobbsch" mit einer Peitsche, trieben einen Holzreifen mit einem Stock vor uns her (eine Fahrradfelge tat's natürlich auch) und wir spielten Nachlauf.

Einer unserer Abzählverse war:
Enne denne dorz,
de Deiwellässt en ...
Drache steie,
die Kordel war zu korz.

Wir veranstalteten Wettbewerbe mit Fröschen aus Pappe, die dem Markenzeichen für Schuhwichse der Firma Erdal nachgebildet waren. An der Unterseite klebte ein Fleck Asphaltmasse, in die die Sprungfeder eingedrückt werden musste. Nach einer gewissen Zeit gab der Teer die Feder frei, und der Frosch hüpfte ein Stück weit. Der Frosch mit dem weitesten Sprung war Turniersieger.

Erdal-Frosch

Mit fortschreitendem Alter bekamen wir neue Spielsachen: die Märklin-Eisenbahnen, Ritterburger, Feuerwehrautos, Kaufläden mit den „Original"-Kartönchen IMI, VIM, FEWA, Erbswurst, Knorr, Maggi, Kinderpostämter mit Miniformularen, -postkarten und -stempeln, klassische Brett- und Kartenspiele wie Mensch ärgere Dich nicht, Mühle, Dame, Halma, Schwarzer Peter, Quartette, Frage- und Antwortspielkarten, Dominosteine. Auch Kaleidoskope, die, wenn man sie um ihre Achse drehte, aus bunten Glasstückchen wunderschöne Fantasiegebilde zauberten, erfreuten sich größter Beliebtheit. Dobbisch, Holzreifen, Wurfringe, Bälle, Rollschuhe und Roller durften für unsere Straßenspiele ebenso wenig fehlen wie Klicker und Kurbelsteine.

Gut gerüstet für den Wintersport

Rollen und Schwimmen

Rollschuh laufen und Roller fahren über die Kaiser- und Schießgartenstraße, die Hintere Bleiche, Neubrunnenstraße, mehrmals um den Neuen Brunnen herum und wieder zurück waren für uns das reinste Vergnügen. Im Brunnen bestiegen wir die wasserspeienden Löwen und die beiden Wassergötter, die den Rhein und den Main symbolisieren, und tummelten uns im kühlen Brunnenwasser. Im Sommer fuhren wir öfter mit der Elektrisch auf die Ingelheimer Aue und gingen in das Freibad des Schwimmvereins Undine. Am Holztor, Kaisertor und Fischtorplatz, dessen Brunnen zwei große Steinkugeln mit je einem Bronzefisch tragen, die nach einer Mainzer Spezialität „Quellkartoffel und Hering" genannt werden, lagen am Rheinufer die Badeanstalten Ohaus, Watrin, Petry, Schell u. a. Die von uns bevorzugte Anstalt war Ohaus, hier lernten wir schwimmen. Hochinteressant waren die heimlichen Blicke in die Nachbarkabine durch Astlöcher oder andere Öffnungen, die irgendjemand in die Holzwand gebohrt hatte. Damals entließen die Rheinanleger ihre Abwässer noch ungeklärt in den Vater Rhein. Jeder Schwimmer hielt nach den Haufen Ausschau, und wenn einer gesichtet wurde, warnte er die übrigen mit dem lauten Ruf: „Aachdung! Nachtwäschdeeer"!
Eine besondere Mutprobe war das Entern eines Lastkahns der bergauf fahrenden Schleppzüge. Wegen der Gefährlichkeit war dies streng verboten. Allerdings übte gerade das Verbot auf uns eine besondere Faszination aus. Manche Schiffer waren so bösartig und halfen uns bereitwillig aufs Schiff, um uns links und rechts eine runter-

zuhauen und wieder in den Fluss zurückzustoßen. Die meisten Matrosen jedoch übersahen uns und ließen uns gewähren. An der Südbrücke sprangen wir wieder in die Fluten und ließen uns ohne besondere Kraftanstrengung von der Strömung flussabwärts an die Ufertreppen zurücktreiben. Auf dem Heimweg mussten wir an einem der Salons des Eiskonditors Gai vorbei. Hinter dem Fenster rührte der „Eismann" in der Eismaschine die gefrierende Masse um. Ein großes weißes Rad mit einer blauen, grünen oder roten Spirale drauf, drehte sich unablässig und lud zum Kauf ein. Manchmal hatten wir sogar einen Groschen dafür übrig und kauften ein „Eisdüttsche", oder am Wasserhäuschen von Hermann Arnold die begehrten „Himbeerklumbe" (Himbeerbonbons vom Zucker Goebel), ein Tütchen Brausepulver für fünf Pfennige, eine „Chabeso" oder Africola – das war der krönende Abschluss eines schönen Sommertages. Wer von uns gerade nicht „flüssig" war, durfte bei den anderen mal lecken oder trinken. Wir hatten eine wunderbare Kameradschaft.

Rhein-Badeanstalt Ohaus

Straßenbahn und Obus begegnen sich in der Rheinallee.

Unsere Guckkästen waren ein gutes Geschäft

In Schuhkartons bauten wir Panoramen und Kulissen ein, deckten den Karton mit Bunt- oder Butterbrotpapier ab und ließen andere Kinder und Erwachsene durch ein kleines Loch das Innere bestaunen. Erwachsene zahlten das kleine Vermögen von 10 Pfennigen, die Kinder mussten in Sachwerten bezahlen. Zum Beispiel einen „Glasert" (bunte Glasmurmel) oder eine Drachenschnur, mittels derer man zwei Erdal-Schuhwichsbüchsen miteinander zu einem prima Telefon verbinden konnte. Mancher Bub war so neugierig, dass er sogar seinen wertvollsten Besitz, eine lebendige Kröte, einen Regenwurm oder eine tote Maus aus seinen Taschen angelte und schweren Herzens für einen Blick in den Guckkasten oder das Kaleidoskop opferte. Einmal besiegte die weibliche Neugier sogar ein kleines Mädchen, das uns seinen kostbarsten Besitz, eine kleine Puppe, aushändigte. Nach ihrem kurzen freudigen Seherlebnis sah es uns so traurig an, dass wir ihm sein Liebstes wieder zurückgaben.

Als Bezahlung wurde von uns alles angenommen, was ein richtiger Bub gewöhnlich brauchen kann. Die Krötenwährung stand so hoch im Kurs, dass man für ein Tier sogar ein Taschenmesser eintauschen konnte. Kröten, Frösche und Kaulquappen mussten außerhalb der Stadt in Bächen und Teichen gefischt werden, daher waren sie besonders wertvoll. Was konnte man mit einer schönen fetten Kröte oder einer toten Maus alles anstellen! Zum Beispiel Mädchen und Frauen erschrecken; Kröte und Frosch wurden an Schnüre gebunden und im Laden unseres Freundes Kehrrein unter der wartenden Kundschaft ausgesetzt. Je lautstärker die ihrer Angst Ausdruck gab, umso größer war unsere Freude. An den Schnüren zogen wir sie dann wieder zurück. Über diese harmlosen Streiche freute sich sogar Herr Kehrein, obwohl er uns, nur zum Schein natürlich, mordsmäßig schimpfte.

Wenn bei uns einmal gar nichts los war, legten wir Pulverblättchen oder Knallerbsen auf die Straßenbahnschienen. Für uns war es ein Heidenspaß, wenn die Elektrisch drüber fuhr und es ordentlich knallte. Hin und wieder war's auch mal ein Pfennigstück, das wir plattwalzen ließen. Niemals ist eine Straßenbahn deswegen entgleist. Die Fahrer lächelten verstohlen und drohten uns mit dem Zeigefinger. Die Bahnen hatten teilweise noch offene Perrons. Wir Kinder hatten großen Spaß daran, auf der offenen Plattform zu fahren und manchmal während der Fahrt auf- oder abzuspringen. Wenn wir vorne beim Fahrer stehen durften, war das für uns das Größte. Der Schaffner zog an einem Lederriemen, der an der Decke durch den ganzen Wagen lief, und betätigte damit eine Klingel. Erst nach diesem Signal durfte der Fahrer sein Gefährt in Gang setzen. Zweimal klingeln hieß „an der nächsten Haltestelle anhalten". Selten zog der Schaffner wie wild an dem Riemen; das bedeutete jedes Mal Notbremsung.

Chronik

1946
Am 22. Mai wird in der ehemaligen Flakkaserne die Mainzer Universität als „Johannes-Gutenberg-Universität" offiziell wiedereröffnet.

1946
Im Sommer werden erste Fälle von Paratyphus bekannt, die sich glücklicherweise nicht zur Epidemie ausweiten.

1946
Am 31. März beginnt der Südwestfunk in Baden-Baden seinen Sendebetrieb für die französisch besetzte Zone, dem späteren Rheinland-Pfalz.

1946
Im Juli wird auf der Strecke Münsterplatz–Ritterstraße die erste Obuslinie mit italienischen Fahrzeugen in Betrieb genommen. Bereits 1943 war mit dem Bau der Oberleitungen begonnen worden, die jedoch durch Luftangriffe immer wieder zerstört wurden.

1946
Am 30. August wird das Land Rheinland-Pfalz durch die Proklamation des Oberkom-mandierenden der französischen Streitkräfte, General Pierre Koenig, gegründet und Mainz zur Landeshauptstadt bestimmt.

1946
Am 15. September wird der erste Mainzer Stadtrats nach dem Krieg gewählt.

1946
Am 21. September wird auf dem Halleplatz der erste Nachkriegs-Weinmarkt eröffnet. Eintrittskarten für 2 Reichsmark gibt es gegen Vorlage der August-Lebensmittelkarte für Normalverbraucher von Mainz Stadt.

1941 spielten wir auf der Straße Krieg und ahnten noch nicht, was uns wenige Jahre später bevorstehen würde ...

Klassenfoto mit Lehrer Buschendorf vorm „Tempel" der Leibnizschule.

Unsere Schule...

...war die Leibnizschule in der Adam-Karrillon-Straße. An Ostern 1940 wurden wir eingeschult. Wir waren neugierig und wissbegierig, das Lernen machte uns Spaß, weil wir vom ersten Tag an gute Lehrer hatten, die ihren Beruf liebten. Die meisten waren weiblich, wir nannten sie Fräulein Lehrer. Die Klasse war besonders in eine verknallt. Jeder wollte mal, „stolz wie ein Spanier", ihre Tasche tragen. Schulutensilien wurden in einem kleinen, vollgestopften Laden gekauft, in dem es herrlich nach Papier, Büchern und Tinte roch. Seinen Besitzer nannten wir wegen seiner langen, gebogenen Nase „Wucherpill". Der Mann gab uns schon mal Kredit, wenn das Taschengeld nicht mehr reichte. Aber Vertrauen gegen Vertrauen: Wer etwas schuldig blieb, bekam nichts mehr „auf Pump" und wurde von den Übrigen schief angesehen.

Nach der Schule und dem Mittagessen ging es zuerst an die Hausaufgaben und erst dann zum Spielen.

Wir Erstklässler lernten noch die alte deutsche Sütterlinschrift. Geschrieben wurde mit Schiefergriffeln auf Schiefertafeln, die mit nassem Schwamm gewischt und mit einer Art Topflappen trocken gerieben wurde. Besonders beliebt waren die sogenannten Milchgriffel, die aus Kreide bestanden. Unsere Lehrer sahen das nicht gern, weil die Schrift, trotz Tafelschoner, leichter verschmierte.

Im Luftschutzkeller

Bereits vor Kriegsbeginn musste in jedem Hauskeller ein Luftschutzraum (LSR) eingerichtet werden. Die Einrichtung unseres Kellers bestand aus einer dicken Strohmatte für den kalten Boden, einem elektrischen Heizofen, einem Radiogerät, Kerzen, Verbandskasten, mit Sand gefüllten Eimern, einem größeren Wassertank mit Feuerpatsche und Handspritze (die einer größeren Fahrrad-Fußluftpumpe glich), einem Notausstieg ins Freie, massiven Stahlschotten an Fenstern und Türen. Außerdem gab es Mauerdurchbrüche zu den Nachbarkellern. Bequeme Sitzgelegenheiten, Liegen und Wolldecken durften ebenfalls nicht fehlen. Auf die Hausfassade wurde mit weißer Farbe ein „LSR" im Kreis mit dickem Pfeil, der auf den Notausstieg zeigte, gepinselt. Weisungsgemäß räumten wir unseren Hausspeicher leer, um eventuell einschlagenden Brandbomben keine Chance zu geben, ihr Unheil anzurichten. Damit, so glaubten wir, wären wir gegen alle Unbilden aus der Luft bestens gewappnet. Wir fragten uns aber, wozu wir diesen ganzen Aufwand treiben mussten, wo doch unser Reichsluftmarschall Hermann Göring „Maier" heißen wollte, wenn auch nur ein einziges Feindflugzeug ins Reichsgebiet eindringen würde. Der für unseren Luftschutz zuständige Blockwart lobte unseren „LSR" als vorbildlich. Als die ersten Brandbomben gefallen waren, erklärte uns ein Feuerwehrmann, wie wir mit einem Blindgänger oder einer „Sprühenden" umzugehen hätten, falls wir je welche fänden.
1942 brach der Bombenterror mit hemmungsloser Gewalt über unser goldenes Mainz und seine bedauernswerten Bürger herein. In den Nächten vom 11. auf 12. und 12. auf 13. August griffen die Engländer unsere Stadt erstmals mit ihrer neuen Strategie des Flächenbombardements an, die sich der englische Luftmarschall Harris mit seinem Team ausgedacht hatte.

Große Teile der Innenstadt und der Neustadt fielen in Trümmer und brannten nieder. Unter dem Kommando des Kreisfeuerwehrführers Carl Werner löschten die freiwilligen Feuerwehren von Nierstein, und Oppenheim in der ersten Brandnacht den brennenden Dachstuhl unseres Doms und retteten ihn vor dem sicheren Flammentod. Werner wurde für seine Leistung und die seiner Wehrmänner mit dem Kriegsverdienstkreuz II. Klasse ausgezeichnet. Wir Mainzer schulden ihnen große Anerkennung unseren tiefen Dank.

Der Pimpf im Bann 117, Fähnlein 1, Jungzug 4

Rückkopplung und Wunschkonzert

1934 waren bei der Deutschen Reichspost lediglich knapp 14 % Rundfunkhörer registriert. In dem großen Gerätesortiment gab es den neuen Volksempfänger, der zum Gedenken an den „Tag der Machtübernahme Hitlers" am 30.1. „VE 301" genannt wurde. Unter der Halbkreisskala war in das Bakelitgehäuse der Kopf eines rufenden Adlers (Rundfunkadler) geprägt. Mit der technischen Verbesserung der VE's und der damals beispiellos erfolgreichen Markteinführung des Deutschen Kleinempfängers „DKE", schnellten die Hörerzahlen steil nach oben. Die etwas Betuchteren hatten Großsuper, die ihnen die Welt ins Haus brachten.

Trotz ihrer schlechten Trennschärfe brachten auch die günstigeren Modelle in den Abendstunden ausländische Sender. Die starken Ortssender (Radio Frankfurt) überdeckten fast die ganze Skala. Da halfen auch der Sperrkreis und die „Rückkopplung" nicht viel. Diese pfiff aber ohrenbetäubend und eignete sich sehr gut dazu, die Nachbarn zu ärgern. Seine größte Verbreitung erreichte der Rundfunk mit Ausbruch des Zweiten Weltkrieges 1939. Das ist verständlich, weil jede Familie wissen wollte, wie es um ihre kämpfenden Männer an der Front bestellt war. Ab 1940 wurde sonntags vom Großdeutschen Rundfunk „Das Wunschkonzert für die Deutsche Wehr-

Radioprospekt der Radio-Klinik Fohrmann

macht" übertragen. Der Leiter und Ansager der Sendung war Heinz Goedecke, der sich bei der Bevölkerung größter Beliebtheit erfreute. Die erste Garnitur der deutschen Film- und Unterhaltungsindustrie gab sich in den Sendungen die Ehre. Alle Schlager und Melodien wurden original gespielt und gesungen. Es wurden Briefe verlesen und junge Väter im Feld über ihre Neugeborenen als Ergebnis des letzten Fronturlaubs informiert. Wir „klebten" förmlich an den Lautsprechern, um nur ja alles mitzubekommen. Mucksmäuschenstill wurde es in dem Großen Sendesaal, wenn Heinz Goedecke aus Briefen von Frontsoldaten an ihre Mütter, Frauen, und Kinder vorlas. Nicht selten waren der Mann, der Vater, der Bruder, der Sohn bereits gefallen, wenn ihre Briefe in der Heimat eintrafen.

„Die Sendung" Programmzeitung von 1934

Feindsender und AFN

Das Abhören von Feindsendern wurde mindestens mit Zuchthaus bestraft. Jeden Abend hörten unsere Mütter, dicke Decken als Schallschutz über Kopf und Radio gestülpt, drei gleiche und abschließend ein tieferes „bumm, bumm, bumm, bumm" und die Ansage „hier ist BBC London mit den Sendungen für die (deutschen Soldaten) oder (das deutsche Volk)". Die Nachrichten der BBC waren das genaue Gegenteil derer des „Deutschen Drahtlosen Dienstes".

Aus dem „Radio Almanach" von 1950

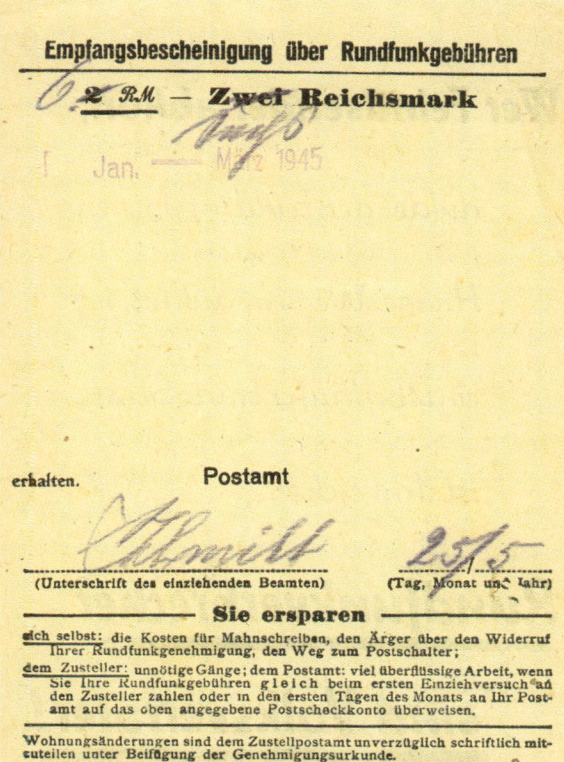

Empfangsbescheinigung über Rundfunkgebühren 6,00 RM für Januar-März 1945

Am 9. Mai 1945 verbreitete das OKW Flensburg unter Großadmiral Karl Dönitz über den Großdeutschen Rundfunk die bedingungslose Kapitulation aller deutschen Streitkräfte. Danach schwiegen für kurze Zeit alle deutschen Sender. Für uns war diese Meldung kein Grund zum Jubeln. Wie betäubt saßen wir vor unseren Volksempfängern und dachten an die vielen Millionen von Kriegsopfern. Was würde uns nun die Zukunft bringen?

Nach dem Einmarsch der Amerikaner und dem Neubeginn des deutschen Rundfunks avancierte der Armeesender AFN (American Forces Network) zu unserer Lieblingsstation. Endlich konnten wir zu unserer Freude die Musik hören, die das untergegangene Regime bösartig als „Niggermusik" verunglimpft hatte. Einige Tage nach der Besetzung begann auch „Radio Frankfurt" wieder zu senden. Für uns waren es völlig neue Töne, die jetzt aus dem Lautsprecher zu uns kamen. Die Stimmen der Sprecher waren nicht mehr befehlend, aggressiv, sondern eher wohltuend plaudernd.

Der Hessische Rundfunk (HR), vormals Radio Frankfurt, war der große Unterhaltungssender nach dem Krieg. Hervorragende Künstler wie z. B. Gerhard Wendland, Walter Kollo, Lale Andersen, Michael Jary, Maria Mucke, Rosita Serrano, Fred Bertelmann, Wolfgang Sauer u. v. a. waren hier zu Hause. Die Hausorchester Willi Berking (Jazz und Tanz), Erich Börschel (klassische Unterhaltung) und Hans Schepior mit seinem Harmonika-Orchester konnte man täglich im Radio hören. Die Firma Philips brachte sie alle auf Schellackplatten heraus. Besondere Glanzlichter der 50er waren der „Mitternachtscocktail" des HR und die Direktübertragungen des „Frankfurter Weckers" mit Hans Joachim Kuhlenkampf, Peter Frankenfeld und Willi Berking. Eine Uhr schaltete um sechs in der Früh das Radio ein, aus dem der musikalische Weckruf „Guten Morgen, Guten Morgen, (...) einen Morgen ohne Sorgen (...)" ertönte.

Unser besonderes Hörinteresse galt den Sendungen aus der „Tennis-Bar" in Bad Homburg, weil wir dort öfter zum Tanzen und Flirten hinfuhren. Mit dem Rock 'n' Roll taten sich anfangs unsere Sender schwer.

Ende der 50er-Jahre wurde der Rock 'n' Roll viel seltener gespielt als die üblichen Schnulzen. Uns blieben aber AFN und auch unsere Platten, die wir untereinander rege austauschten.

Unsere Kinos in den vierziger Jahren

In der Zeit vor den Bombenangriffen konnte das kinobegeisterte Mainzer Publikum zwischen achtzehn Lichtspielhäusern, vom einfachsten Flohkino bis zum luxuriösen Filmpalast, wählen. Uns Kindern waren nur die Filme zugänglich, die ab sechs Jahre jugendfrei waren. Das waren in erster Linie Märchen- und Zeichentrickfilme. Einer der bekanntesten Trickfilmproduzenten war Hans Fischerkoesen, der deutsche Walt Disney. Als Filmbeispiele seien „Der Störenfried" und „Das dumme Gänslein" genannt, beides Agfacolor-Filme. Unsere Klasse „durfte" sich auch den jugendfreien Propagandafilm „Hitlerjunge Quex" ansehen.

Mit dem anschwellenden Luftkrieg wurde für die Großen der Kinobesuch mehr und mehr zu einem Abenteuer mit ungewissem Ausgang. Würde die Vorstellung durch Alarme unterbrochen, musste man Angriffe befürchten, sah man seine Wohnung heil wieder? Fragen, die den Filmgenuss trüben konnten. Jedes Filmtheater hielt ein Dia bereit, das der Alptraum eines jeden Besuchers war:

„Verehrtes Publikum"!
„Von der Luftwarnzentrale haben wir eine Luftwarnung erhalten. In Kürze rechnen wir mit Fliegeralarm.
Wir bitten Sie das Theater jetzt zu verlassen und die öffentlichen Schutzräume in der Nähe aufzusuchen.
Wenn kein Angriff stattfindet, und der Alarm nicht länger als eine Stunde dauert, setzen wir die Vorstellung nach der Entwarnung fort. Die Eintrittskarten behalten ihre Gültigkeit".

So geschah es manchmal, dass die Vorstellungen, die im Hinblick auf drohende Luftgefahren spätestens um 22 Uhr beendet sein mussten, gerade wegen der Fliegeralarme länger dauerten. Unserer Reichsregierung, allen voran Reichspropagandaminister Dr. Goebbels, ließen nur seichte und unverdächtige Unterhaltungsfilme zu. Die wenigen Ausnahmen, z. B. „Frau meiner Träume", „Die Goldene Stadt", „Münchhausen", „Die Feuerzangenbowle" u. a. bestätigten die Regel. Ansonsten servierten uns die Produktionen geschickte Propaganda und Durchhalteparolen.

Von den 18 Kinos blieben nach dem Bombenangriff vom 27. Februar 1945 lediglich noch drei Theater übrig: die „Filmbühne" in Gonsenheim, ein Kino in Mombach und das „Capitol" in der Neubrunnenstraße.
1945 nutzte das Pionierbataillon 718 ROB, das die Behelfsbrücken über den Rhein schlug, das Capitol als Casino. Die Amerikaner verboten alle deutschen Filmtitel. Nach und nach wurden „unbedenkliche" deutsche Filme wieder zur Vorführung zugelassen. Am 1. Juli 1945 übernahmen die Franzosen als Besatzungsmacht das linksrheinische Gebiet von den Amerikanern. Bereits kurze Zeit später gaben die Franzosen das Capitol seinem Erbauer und Eigentümer Kämmer le Bret zurück. Einmal pro Woche war das Kino Vorstellungen für die französischen Soldaten und ihren Angehörigen vorbehalten. Es liefen ausländische Filme, die später deutsch synchronisiert in die Kinos kamen. Riss einmal der Film, war sofort die misstrauische Gendarmerie im Vorführraum und vermutete Sabotage. Doch der stets anwesende Filmoffizier Marcel Colin-Reval vermittelte und schlichtete. Er war ein gebildeter Mann, der half wo immer er konnte. Colin-Reval gründete 1947 für die französische Zone in Baden-Baden die Filmwochenschau „Blick in die Welt".

Meisterwerke internationaler Filmkunst

Endlich durfte das Publikum Meisterwerke amerikanischer und europäischer Filmkunst genießen (meist deutsch untertitelt), die ihnen vom Nazi-Regime über zwölf Jahre lang vorenthalten worden waren. Ein beträchtlicher Teil unseres Einkommens floss in die gemeinsamen Kinobesuche mit Freunden und Freundinnen. Wen wundert's, dass sich von 1945 an bis in die 50er-Jahre eine ebenso opulente Kinolandschaft mit Filmpalästen entwickeln konnte, wie sie zuvor nur die goldene Stummfilmära und die 30er- und 40er-Jahre kann-

Album für die begehrten Sammelbildchen berühmter Filmstars der 30er- und 40er-Jahre

ten. Eine Fülle guter ausländischer und deutscher Filmproduktionen kam jetzt in die Kinos. In allen Filmtheatern dudelten in den Pausen die gleichen Ohrwürmer: Der „Blue Tango" von Leroy Anderson, Das „Harry-Lime-Thema" aus dem Film „Der Dritte Mann" und am Schluss der Vorstellung „Auf Wiederseh'n", gesungen von Rudi Schuricke und immer wieder das Mantovani Orchester mit „Moulin Rouge", „Limelight" „Schwedische Rhapsodie" usw. Nach der Aufführung der „Badenden Venus" begeisterten uns der „Trumpet-Blues" (Harry James Trompete) und „TicoTico" (Ethel Smith an der Hammondorgel). Wir erlebten, wie Filme und Sterne aufgingen, bald wieder verlöschten und der Vergessenheit anheimfielen, während andere Kult- und Ikonenstatus errangen.

Mit der steilen Entwicklung des Fernsehens und dem rasanten Anstieg der Zuschauerzahlen des Pantoffelkinos schmolz etwa ab 1954 allmählich die Beliebtheit des Kinos dahin.

Diese „Bildnisse sind bezaubernd schön": Tom Mix, Willi Forst, Gustav Fröhlich ...

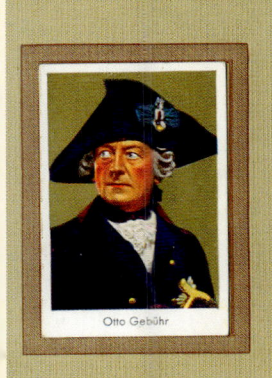

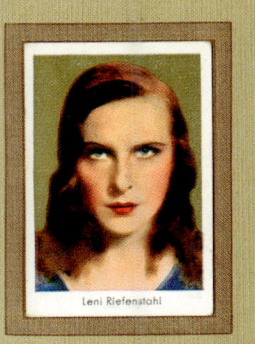

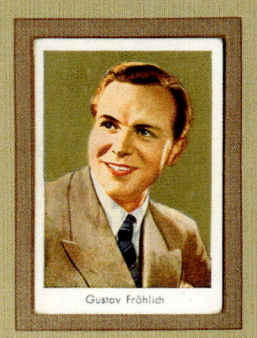

Wir evakuieren uns freiwillig nach Jugenheim

Meine Freunde waren ausgebombt und evakuiert. 1944 wurden die meisten Schulen geschlossen. Was sollte uns jetzt noch in Mainz halten? Unser Haus in der Neubrunnenstraße stand zwar noch, aber unsere Wohnung war durch Luftdruckeinwirkungen arg in Mitleidenschaft gezogen. Teils lag Schutt auf unseren Parkettböden, die meine Mutter in besseren Zeiten mit großer Hingabe „spänte" und pflegte, die Fenster waren notdürftig mit Kunstglas verschlossen. Im Spätherbst entschied Mutter, dass es jetzt an der Zeit sei, sich nach Jugenheim zur Tante Elis zu begeben. Da wir uns nicht umgemeldet hatten, mussten wir uns wenigstens einmal wöchentlich in der Stadt sehen lassen. Die wenigen Lebensmittel in den Geschäften, in denen wir registriert waren, mussten gekauft, Bezugscheine und Lebensmittelkarten abgeholt werden. Unser Transportfahrzeug war immer der LKW, der jeden Morgen die Milch von der Sammelstelle in Jugenheim abholte und zur Molkerei Bräunig in Mainz brachte.

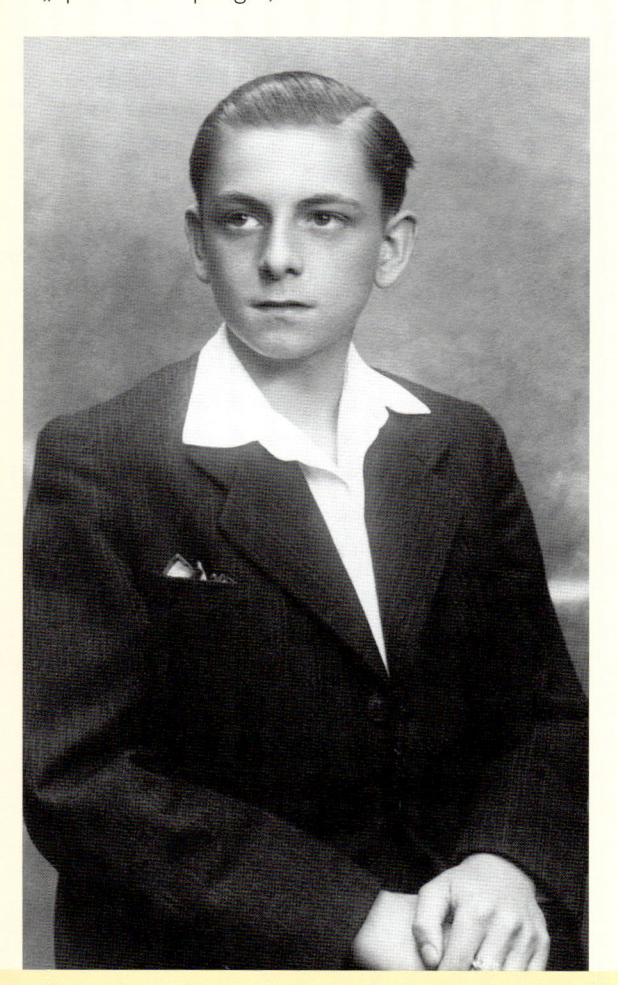

Weihnachten und Silvester 1944 lagen hinter uns. Wir hatten die Festgottesdienste im „Rettungshaus" außerhalb Jugenheims besucht, wohin die evangelische Gemeinde ihre Gottesdienste und Andachten verlegt hatte. Für die große Kirche fehlte uns das Heizmaterial. In der Adventszeit hatten wir Kinder unter strengster Geheimhaltung einige kleine Weihnachtsgeschenke für unsere Freunde und die Erwachsenen gebastelt. Wir hatten Buchzeiger und Topflappen gehäkelt, kleine Tiere geschnitzt, gemalt und geklebt (mit „Mehlbabb") usw. In dieser Zeit freute sich jeder über unseren Freundschafts- und Liebesbeweis. Die Mütter schenkten den Kindern selbst gestrickte Handschuhe, Pudelmützen und Pullover. Die Wolle gewannen sie, indem sie alte Stricksachen oder Mehlsäcke aufzogen. In der Schule hatten wir

Der Konfirmand, Ostern 1948

Die Jugenheimer Kirche

Ilse mit den damals obligatorischen Zöpfen und Tolle

unsere schönen Advents- und Weihnachtslieder eingeübt, Gedichte gelernt und gemeinsam die Weihnachtsgeschichte gelesen. Für uns evakuierte Kinder aus Mainz und Bingen ein unvergessliches Weihnachten in Harmonie und Liebe.

Wir waren sehr dankbar dafür, dass wir das Schicksal der bedauernswerten Stadtbevölkerung nicht teilen mussten, die auch 1944 den Heiligen Abend und die Feiertage unter unmenschlichen Bedingungen in ihren kalten Kellern verbringen mussten, immer in der Angst lebend, dass eine Bombe das Haus treffen oder in den Trümmerberg über ihnen einschlagen und sie töten könnte.

Dienstag, der 27. Februar 1945

Gegen 8 Uhr morgens waren meine Mutter und ich mit anderen Evakuierten wieder einmal mit dem Milchauto in Bräunigs Molkerei angekommen – ein trüber Wintertag, der die allgemeine Niedergeschlagenheit der Menschen noch steigerte. Über der Innenstadt herrschte eine 10/10-Wolkenbedeckung, wie es in einem Flieger-Rapport hieß. Brandgeruch hing in der Luft. Schon am frühen Morgen gab es Voralarm, der den ganzen Tag über währte, von gelegentlichen Vollalarmen unterbrochen, die aber nur kurz andauerten. Eine völlige Entwarnung gab es an diesem Tag nicht. Es blieb den Menschen nichts anderes übrig, als auch während der permanenten Luftwarnung hastig ihren unaufschiebbaren und auch lebensnotwendigen Geschäften nachzugehen. Allenthalben sah man in den Ruinen Schwelbrände, die den penetranten Geruch von Vernichtung und Tod verbreiteten. Zufällig traf ich einen meiner Freunde. Die Freude war groß, aber er sah erbärmlich aus. Die allgemeine Not, der praktisch pausenlose Aufenthalt im kalten, stickigen Keller und die Angst vor den Bomben hatten ihn gezeichnet. Meine Mutter gab dem ausgemergelten Jungen ihren „Brotbeutel", den die fürsorgliche Tante Elis mit dem Notwendigsten für einen Tag gefüllt hatte. Seine Augen werde ich nie vergessen. Nach dem Abschied versprachen wir uns, dass wir einander suchen würden, wenn der Krieg aus ist.

Wir hatten Mutters Programm abgearbeitet und gingen zurück in unsere Wohnung, nicht ahnend, dass 20 Minuten später die Hölle über Mainz hereinbrechen würde. Gegen 17:00 Uhr sollte ein Zug den Hauptbahnhof in Richtung Bingen verlassen. Mit ihm wollten wir nach Ingelheim und von dort weiter mit der Selztalbahn nach Jugenheim. Aber dazu ist es an diesem 27. Februar nicht mehr gekommen.

Unserer Stadt näherten sich rheinaufwärts bereits die Bomberverbände. Gegen 16.20 Uhr heulten plötzlich die Sirenen Vollalarm und sofort waren die Explosion der roten und grünen Leuchtbomben zu hören, mit denen der „Pfadfinder" das Angriffsziel markierte. Während des Auf- und Abschwellens des Sirenengeheuls fielen bereits die ersten Minen- und Sprengbomben, um die Dächer abzudecken und Mauern zum Einsturz zu bringen, damit es die nachfolgenden Brand- und Flüssigkeitsbomben umso leichter hatten, die Stadt anzuzünden. Wir sahen bündelweise Stabbrandbomben durch die geschlossene Wolkendecke herunterregnen. Uns blieb gerade noch Zeit, die Tasche mit den Urkunden zu schnappen und über die hofseitige, offene Treppe in den Keller zu rennen. Mit uns waren noch die verbliebenen Mütter Grösser und Schneider mit ihren Kindern, die ebenfalls meine Freunde waren. Kaum waren wir unten, sprangen zwei Soldaten die Treppe herunter und rissen die Tür zum Keller zu. „Runter auf den Boden, das Gesicht nach unten, die Hände über den Kopf, flach atmen" befahl einer der beiden, und wir gehorchten blitzschnell. Kein Mucks, kein Gemurmel, kein lautes Gebet, kein menschlicher Laut waren zu hören. Die Geräuschkulisse bestand aus dem bedrohlichen Motorenbrummen, Wummern torkelnder Minenbomben, Pfeifen der niederrauschenden Bombenteppiche, Explosionen naher und ferner Einschläge, und die auf unserer Kellertreppe

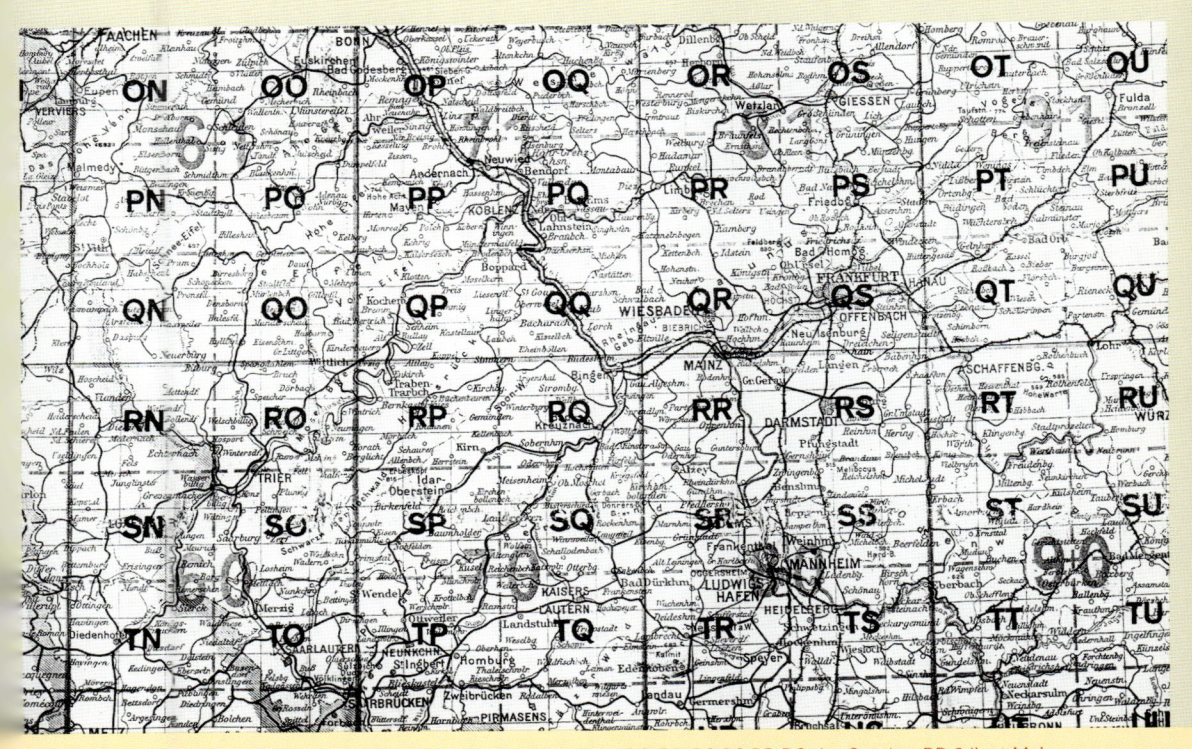

Karte der Luftwarnzentrale. Unser Luftgebiet decken die Quadrate QQ;QR;QS;RS;RR;RQ. Im Quadrat RR 2 liegt Mainz.

aufschlagenden, zerschellenden Dachziegel. Unter unseren Leibern wankte der Kellerboden. So etwa mag sich ein schweres Erdbeben anfühlen. Allmählich war Rauch zu riechen. Das eigentliche Bombardement dauerte ganze 13 Minuten, in denen etwa 1200 Menschen getötet, sehr viele verletzt und 80 % der Innenstadt zerstört wurden. Dreißig Minuten nach Beginn des Angriffs waren noch immer entferntere Explosionen zu hören, aber der Erdboden hatte sich beruhigt. Unsere Soldaten schlossen daraus, dass das Bombardement vorüber sein müsse, räumten notdürftig die Treppe frei und gingen auf Erkundung. Wir konnten nicht wissen, dass die noch immer andauernden Detonationen nicht mehr von Abwürfen, sondern von einem explodierenden Flakzug im Mainzer Güterbahnhof herrührten. Unsere beiden Gäste kamen wieder in den Keller zurück und brüllten: „Wollt ihr hier drin ersticken? Macht, dass ihr rauskommt. Droben steht alles in Flammen. Ihr werdet nicht mehr lange Atemluft haben, das Feuer frisst den Sauerstoff. Raus jetzt!" Zum ersten Mal an diesem Tag wurde uns das Leben geschenkt. Den unbekannten Soldaten gebührt unser Dank.

Wir benutzten nicht die Mauerdurchbrüche, sondern gingen nach oben in unsere Wohnungen. Unser Haus hatte auch dem schwersten aller Vernichtungsangriffe getrotzt. Auf dem Speicher lagen mehrere gezündete Stabbrandbomben, die wir mit Sand erstickten. Die Blindgänger warfen wir in den Hof. Jetzt hätte es lediglich noch zweier Männer oder Jugendlicher der tapferen HJ-Feuerwehr bedurft, um die eindringenden Funken zu löschen. Unser Haus Neubrunnenstraße Nr. 9 wäre vor dem Niederbrennen zu retten gewesen.

Flucht durch unser Capitol-Kino

Etwa eine Stunde hatten unsere Anstrengungen, das Haus zu retten, gedauert. Nun war es höchste Zeit, das Haus zu verlassen und uns in Sicherheit zu bringen. Jeder suchte noch ein paar Sachen zusammen. Unser Fluchtweg zur Neubrunnenstraße war wegen der sengenden Hitze der brennenden Schreinerei Koch versperrt. Also liefen wir zurück in den Keller und hinüber in den Heizungskeller des Capitol-Kinos und die Treppe hinauf. Eine verschlossene Feuerschutztür verwehrte uns den Ausgang. Meine Mutter und ich kannten uns in den Räumlichkeiten sehr gut aus. Also rein in den Koksbunker, der noch gut gefüllt war, vermutlich, weil wegen der zahlreich ausgefallenen Vorstellungen das Kino nicht geheizt werden musste. Wir quälten uns über den nachrutschenden Koksberg nach oben zur Einfüllluke, die zum Notausgang des Kinos führte. Die baupolizeiliche Vorschrift verlangte, dass das unbrennbare, schwere Tor zur Hinteren Bleiche im Katastrophenfall von innen auch ohne Schlüssel leicht zu entriegeln und zu öffnen sein musste. Auf dem Trottoir und der Straße lagen Trümmer und große, brennende Holzstücke. Die Gefahr war groß, von herabfallenden, brennenden Balken erschlagen zu werden. Im ablaufenden Löschwasser durchnässten wir unsere Luftschutzdecken und zogen sie über unsere Köpfe. So waren wir relativ gut vor dem starken Funkenflug geschützt. Wegen der zunehmenden Feuersbrunst und des aufgekommenen starken Sturms über 200 kmh beschlossen wir, über die Schuttberge zum „Kupferberg" zu stolpern. Die Sektkellerei „Kupferberg" öffnete während des Krieges seine Keller zum

Schutz der Mainzer Bevölkerung. Ein Meer hunderter Kerzen und Hindenburglichter verbreiteten in den kalten, feuchten Kellerräumen einen fast feierlichen Schein. In unserer Nähe lagerte eine bekannte Metzgerfamilie und ließ es sich wohl gehen. Würste wurden ausgepackt, das Schmatzen der Kinder hörten wir bis zu unserer Lagerstelle. Unsere Mütter sahen uns darbende Kinder an und wurden verbal aktiv. Auch andere Mütter schlossen sich an, bis schließlich ein Luftschutzwart eingriff und verlangte, dass die Lebensmittel entweder weggepackt oder unter den Kindern verteilt würden. Sie wurden weggepackt!

Endlich wurde es draußen hell. Tränenreich verabschiedeten wir uns voneinander und gingen zum Hauptbahnhof, wo keine Züge mehr verkehren konnten. Wir entschieden uns, entlang der uns bekannten Bahnlinie zu Fuß nach Ingelheim zu marschieren. Bei Uhlerborn stand auf freier Strecke ein abfahrbereiter Zug in Richtung Bingen. Als hätte er nur noch auf uns gewartet, setzte er sich langsam in Bewegung. Kurze Zeit später beschossen Jagdbomber den Zug, drehten aber ebenso schnell wie sie angeflogen waren wieder ab. Der Rest der Fahrt verlief ruhig, wohlbehalten kamen wir im Ingelheimer Bahnhof an, in dem bereits unser Zuckerlottche ungeduldig mit der Glocke bimmelnd und

gellende Pfiffe ausstoßend auf uns wartete. Für die kommenden Jahre waren wir willkommene Mitglieder der Gemeinde Jugenheim. Tante Elis, Tochter Gisela und Sohn Hans Gerhard gaben uns in ihrem gemütlichen kleinen Häuschen ein Heim. Unsere Todesängste hatten wir in Mainz zurückgelassen. Sie wichen der Angst um unsere abwesenden Angehörigen und der Sorge um die eigene Sicherheit und das tägliche Brot.

Obdachlosenausweis

Die Selztalbahn (das Zuckerlottche, der Wissegickel) im Bahnhof Schwabenheim.

Dienstag, 20. März 1945 – die Amis sind da

Plötzlich wurde die Kellertür aufgestoßen. In gutem Deutsch befahl lautstark der Koloss von einem Menschen: „Frauen schickt versteckte Soldaten raus, euch passiert nichts. Soldaten ohne Waffen mit erhobenen Händen rauskommen!" Vorsichtig kam er mit zwei Kameraden im Schein ihrer Taschenlampen die Treppe herunter, die Waffen im Anschlag. Im Dämmerlicht der Kerzen konnten wir jetzt sein Gesicht erkennen: Der Mann war schwarz. Zum ersten Mal standen wir einem leibhaftigen Schwarzen gegenüber, die wir vordem nur aus Kulturfilmen kannten. Der Kerzenschein steigerte noch den Kontrast der weißen Augen zu dem tiefen Schwarz seiner Haut. „Was für ein Bär von einem Mann", sagte bewundernd meine Mutter. Der „Bär" stieß seinen Gewehrkolben gegen die Fassböden. Ein leeres Fass klingt hohl. Eventuell könnte sich darin ein deutscher Landser versteckt halten. Die dumpfen Geräusche zeigten jedoch an, dass die Fässer vom letzten Herbst voll waren. Im Geist sahen wir bereits die durchziehenden Truppen unsere Keller leer trinken. Unser Dorf und seine Umgebung waren schnell von deutschem Widerstand „bereinigt". Jedenfalls war für uns der Krieg aus!

Es wurde ein Bürgermeister eingesetzt, der die Anordnungen und Befehle der Amerikaner umzusetzen hatte. Im Hambach wurde an eine Hausmauer in großen Lettern „Kitchen" gepinselt, was unter den Hausbewohnern Entsetzen auslöste.

Wir konnten sie beruhigen und aufklären, dass es sich um eine Küche und nicht um ein „Kittchen" handelt.

Wir Kinder waren im Umgang mit den Soldaten ungezwungen und suchten umgehend Kontakt zu ihnen. Es ist hinreichend bekannt, dass die Amis, besonders die Schwarzen, uns Kinder mit Chewing Gum, Schokolade, Bananen und anderen Leckereien, die wir entweder noch nie genossen hatten oder jahrelang entbehren mussten, reich beschenkten. Den Umständen entsprechend haben sich die Soldaten den Zivilisten gegenüber vorbildlich verhalten. Zunehmend breitete sich aber Unmut in der Dorfbevölkerung aus, weil sie den Winzern den Wein wegtranken, die einzige Einnahmequelle, die dem Dorf verblieben war.

Grausiges Relikt der schweren Angriffe auf Mainz am 11. und 12. August 1942.
Auf den ersten Blick ist dies eine Stabbrandbombe wie alle anderen und doch unterscheidet sie sich durch ihren einmaligen Erinnerungswert von ihren unheilvollen Schwestern. Es ist verbürgt, dass es sich dabei um eine der Bomben handelt, die den Dachstuhl des Mainzer Doms angezündet haben.
Sie befindet sich in Verwahrung von Rudi Schott, Alters-Ehrenabteilung der FFW Nierstein.

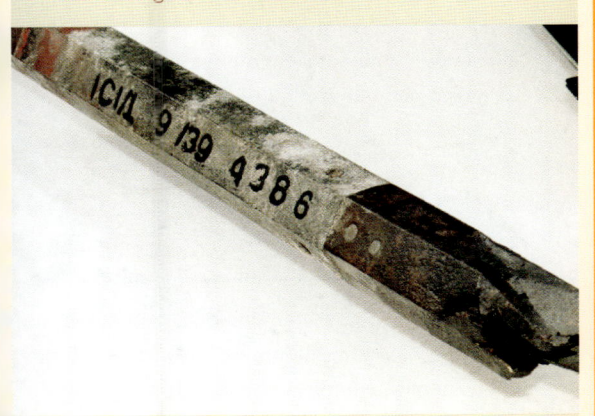

Chronik

1947
kostete eine Zigarette 4 bis 6 RM, eine Lehrling (Stift) verdiente 10 bis 20 RM in der Woche, eine neue Schelllackplatte kostete 3 RM gegen Rückgabe einer alten Platte; nur gab's selten neue.

1947
Am 18. Mai wird der erste Landtag von Rheinland-Pfalz gewählt. Es ist die Geburtsstunde des Landes „aus der Retorte".

1947
Am 11. Juli erscheint zum ersten Mal „Die Freiheit, Organ der Sozialdemokratischen Partei Deutschlands". Der spätere OB Jockel Fuchs volontierte hier ab 1948.

1947
Am Schillerplatz eröffnet die „Nordsee" ihr erstes Fischgeschäft.

1948
während der Mainzer Filmwoche im Capitol und Regina werden Filme internationaler Produktionen gezeigt, u. a. „Symphony Pastorale" mit Michele Morgan.

1948
Am 13. Juni läuft das Motorradrennen „Durch Mainz".

1948
Der 20. Juni bringt uns die Währungsreform.

1948
Auf unserem ehemaligen Spielplatz, dem „Schießgartenplatz", steht jetzt der „Belli-Bau", ein gänzlich aus Holz errichteter Rundbau für Veranstaltungen aller Art.

Blick über die Stadt – im Hintergrund sind die Türme der Peterskirche und der Christuskirche zu erkennen.

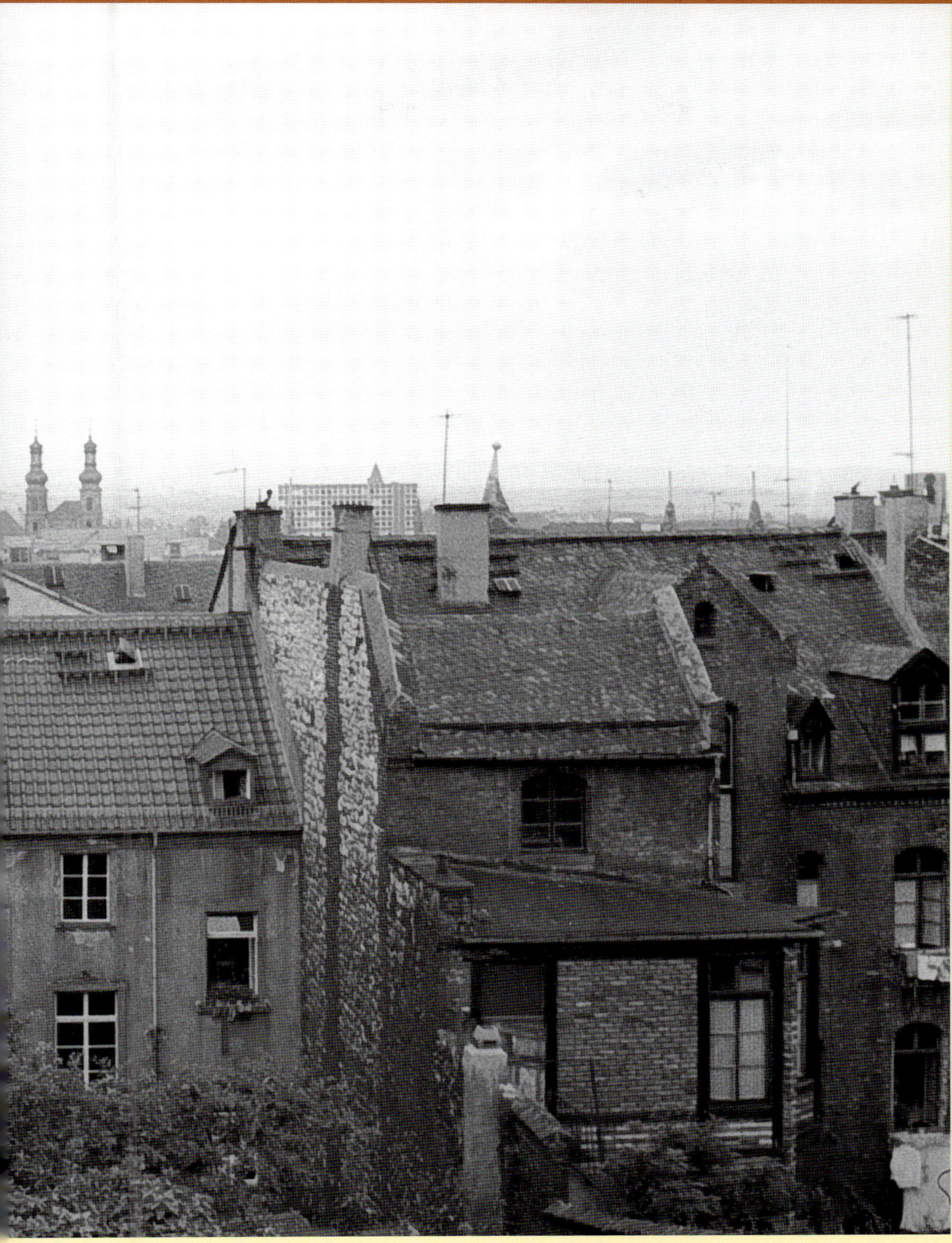

Kontraste: Die von den Amerikanern errichtete Behelfsbrücke vor ihrer Demontage ...

Soldaten kamen und gingen, ließen beste Verpflegung, darunter Corned Beef, Pulverkaffe und vieles mehr hygienisch verpackt zurück. Wir Kinder durften in den Jeeps bei rasender Geschwindigkeit mitfahren. Überhaupt: Die Amis brummten mit ihren Autos durch den Ort und erst recht über die Landstraßen, als wäre der Teufel hinter ihnen her. In der scharfen Kurve am Ausgang Partenheims in Richtung Jugenheim sind immer wieder der LKW von der Brücke in den Bach gestürzt. „Des muss jo so kumme, un des letschte Mol wärds ach net soi", sprach ein in der Nähe wohnender Partenheimer, der bereits an der Motordrehzahl des sich nähernden Gefährts das drohende Unheil voraussagen zu können glaubte. Die Bergungen mit schwerem Gerät waren für uns stets ein Erlebnis. An Gerätschaften hatten die aber auch gerade alles zur Verfügung. Wir konnten nur staunen.

Endlich ist auch Mainz befreit

Den Mainzern standen noch zwei Tage voller Bangen, Angst und Leid bevor, bis auch ihre Vaterstadt befreit werden konnte. In den letzten Kriegswochen hausten die Menschen fast ausschließlich in Kellern. Nur die Sorge um Angehörige und Freunde, auch die Hoffnung, irgendwann und irgendwo etwas Essbares ergattern zu können,

... und die neue Theodor-Heuss-Brücke

trieb sie in „ruhigen" Stunden aus ihren schützenden Kellern auf die Straße. Die Tristesse zerbombter Häuser, die rauchenden Ruinen, zerstörte Fuhrwerke, Autos und Straßenbahnen, alles dies wurde in der Eile kaum noch zur Kenntnis genommen. Man wollte möglichst schnell wieder zurück in seinen Keller, die letzte Zuflucht, „bevor es wieder losging". Nach dem Artilleriebeschuss am 20. und 21. März war mit dem Einmarsch der Amerikaner am 22. März auch für die Mainzer Bevölkerung das Schlimmste überstanden. Die Besetzung verlief ohne größere Kampfhandlungen. Als General Patton mit seinen Männern am 22. März von Nierstein aus den Rhein überquerte, galt unsere Region als befriedet. Ab jetzt brauchten wir vor der Willkür der SS und dem Terror aus der Luft keine Furcht mehr zu haben. Die Angst der niedergeschlagenen Menschen wich dem Bewusstsein über ihre Hoffnungs- und Perspektivlosigkeit. Wie würden die Siegernationen mit dem besiegten Deutschland und dem gebeutelten deutschen Volk wohl umgehen? Was würde aus uns Kindern werden?

Der Winter 1946 war einer der kältesten, die wir je erlebt haben. Inzwischen waren wir in Jugenheim in die „Villa Oswald" an der Partenheimer Chaussee umgezogen. Wochenlang tauten trotz Heizung die Eisblumen an den Fensterscheiben nicht ab. Günstig lagen vor unserer Haustür die Kohlenbunker der Selztalbahn. Regelmäßig deckten wir dort, selbstverständlich „kostenlos", unseren Kohlebedarf.

Im Klassenzimmer unserer Dorfschule hatten wir es warm. Die Gemeinde sorgte für das Feuerholz. In unserer Klasse waren vier Jahrgänge vereint. Jungen und Mädchen wurden gemeinsam unter-

Der Kohlenklau ermahnte uns an Hauswänden, Litfaßsäulen und im Kino zum sparsamen Umgang mit Energie.

richtet, was während des Unterrichts unter den Geschlechtern einen regen Briefchenverkehr zur Folge hatte. „Ich sehne mich nach Dir, wie ein Rad nach Wagenschmier'" war das poetische Glanzstück eines verknallten Jungen. Was die untere Klasse lernte, wiederholte die nächst höhere.

Im Sommer um sieben, im Winter um acht Uhr läutete die Kirchenglocke „in die Schule". In Jugenheim wurde vor Unterrichtsbeginn gebetet.

Wir hatten das große Glück, von dem hervorragenden Lehrer Christian Höhn unterrichtet zu werden. Er machte seinem Berufsstand alle Ehre; wir ehemaligen Schüler sind ihm zu großem Dank verpflichtet.

Im Schulhof war der Bullenstall angesiedelt. Der Bulle, der den Stall bewohnte, war ein Prachtkerl. Er brauchte einen Betreuer, der ihn auch außerhalb seiner Behausung zur begattungswilligen Kuhdame führte. Die Bevölkerung nannte ihn nur den „Bullefehrer" (Bullenführer. Wenn er die Hauptstraße herunterkam, folgten wir Kinder grölend, um zu erfahren, wewr diesmal die glückliche Kuh und spätere Mutter sein würde.

Ball im Kurfürstlichen Schloss zu Mainz

LKW der US-Army transportieren den Zug der 41 Glasmacher in den Westen Deutschlands.

Zurück nach Mainz

Im Sommer 1946 holte Albert Kämmer Le Bret meinen Vater zurück ins Capitol-Kino nach Mainz. Mutter und ich übersiedelten im Frühling 1948, nachdem für die Familie eine Wohnung gebaut worden war. An Ostern 1948 wurde unser Jahrgang in der Kirche Jugenheims von Pfarrer Heymann konfirmiert. Seit dem 22. März war ich bereits wieder meiner alten Leibnizschule in Mainz überstellt, wo ich am 15. Juli 1948 meine Schulbildung abschließen konnte. In der Kürze der Zeit war es mir, dem „Neuen", unmöglich, über die üblichen Schulkameradschaften hinaus Freundschaften zu schließen. Hier war manches anders als bei uns in Jugenheim. Die Jungs trugen Fotos von ihren Mädchen bei sich, die sie in der Klasse herumzeigten. Das hielt ich für schamlose Angeberei. Zur Schulspeisung musste jeder sein eigenes Geschirr mitbringen. Die Schweizer meinten es mit den deutschen Schulkindern gut, mir allerdings schmeckten die Malzeiten nicht. Jeden Tag vermachte ich meine Portion einem anderen Kind. Ich hoffte so sehr, dass ich meine alten Kumpel wiederträfe, aber die waren in alle Winde zerstreut. Am 20. Juni hatten wir die Währungsre-

Chronik

1950
Der Rosenmontagszug steht unter dem Motto „Lachen spende, Trübsal wende". Der MCV finanziert den Zug ab jetzt durch den Verkauf von Zugplaketten („Zuchblakettcher").

1950
Am 18. April wird die wieder aufgebaute Straßenbrücke eingeweiht und auf den Namen des Bundespräsidenten Professor Theodor Heuss getauft. Bei den Feierlichkeiten ist neben anderen hohen Persönlichkeiten auch der Taufpate anwesend.

1950
Am 3. Mai nimmt der Südwestfunk auf einem rheinhessischen Hochplateau bei Wolfsheim auf Frequenz 1017 KHz den 70 Kilowatt starken Rheinsender in Betrieb.

1950
Am 16. Mai beschließt der Rheinland-Pfälzische Landtag den Umzug der Landesregierung und des Landtags von Koblenz nach Mainz.

1950
Tombola zugunsten des Wiederaufbaus des Stadttheaters. Prominentester Losverkäufer ist Jockel Fuchs.

1950
Am 2. September ist aus den Lautsprechern zum ersten Mal zu vernehmen: „Hier ist das Landesstudio Rheinland-Pfalz des Südwestfunks in Mainz". Gesendet wird aus dem Stadthaus am Pulverturm.

1950/51
Der Rhein droht gänzlich zuzufrieren. Der Eisbrecher „Ruhr" hält eine schmale Fahrrinne frei.

Silvesterfeier bei Tanzschule Lala Führ

form und bekamen neues Geld. Für den Aufbau und die Sanierung der Volkswirtschaften Europas stellten die USA Finanzmittel aus ihrem Marshall-Plan bereit. Während in anderen Städten der Wiederaufbau zügig voranschritt, blieb Mainz bis in die 60er-Jahre eine „Budenstadt". Oft teilten sich zwei oder mehr Fachgeschäfte ein Ladenlokal.

In einer Zeit akuten Lehrstellenmangels konnte ich mit der Hilfe meines Vaters bereits am 1. September, nur sechs Wochen nach meiner Schulentlassung, mit fünf weiteren Jungs die Lehre in meinem Wunschberuf des Rundfunkmechanikers antreten. Unser erster Monatslohn betrug 25,00 Deutsche Mark. Nach Abzug eines kleinen Haushaltszuschusses, Geld für Lernmittel und Spargroschen für Kleidung usw. verblieben uns als Taschengeld vier DM, also eine Mark pro Woche. Das besserte sich in den beiden folgenden Lehrjahren, in denen wir monatlich 35,00 DM und 45,00 DM bekamen, ein „Heidengeld" damals. Jetzt konnte ich mit meinen neuen Freunden einen Tanzkurs besuchen und samstags ausgehen. Wir lernten Rheinländer, Polka, alle Standard- und Lateinamerikanischen Tänze, Raspa, Blues-Boogie und Boogie Woogie. Bei „Mr. Anthony's Boogie" geriet unser Blut so richtig in Wallung.

Unsere Eltern steckten uns noch etwas Geld zu, sodass wir gut über die Runden kamen. Als Ausgehgarderobe standen ein Aufzug und ein Anzug zur Verfügung: Der modebewusste Jüngling war nach dem letzten Schrei gekleidet, wenn er blau- oder rotweiße Ringelsocken, gelbe Schuhe mit zwei Zentimeter hohen Kreppsohlen, eine graue Hose mit Fischgrätenmuster, deren Beine gekürzt waren, damit die Ringelsocken gut zur Geltung kamen, einen blauen oder grauen Pullover, darüber eine dunkelblaue Joppe und einen weißen Sei-

Radio-Klinik Ernst Fohrmann, Werkstatt. Wachenden Auges thront der Meister über seinem Team.

denschal mit großen, weinroten Mustern, trug. Dieses oder ähnliche Ensembles waren in der Wintersaison 1949/50 unsere „Kampfanzüge" für Veranstaltungen in den weniger anspruchsvollen Tanzlokalen, den sogenannten „Nahkampfdielen". Unsere Mädchen sahen übrigens auch nicht viel besser aus. Da man nur wenig Geld zur Verfügung hatte, konnte man nicht wählerisch sein und musste die unmöglichsten Klamotten zu einer Garderobe kombinieren. Zum Abschlussball der Tanzschule und anspruchsvolleren Anlässen trugen wir unsere Konfirmandenanzüge, soweit wir noch nicht zu sehr herausgewachsen waren. Unsere ersten Kontakte zu dem anderen Geschlecht knüpften wir neben den Tanzstunden in Milchbars und Eisdielen.

Lehrvertrag der Handwerkskammer Mainz vom 28.10.1948

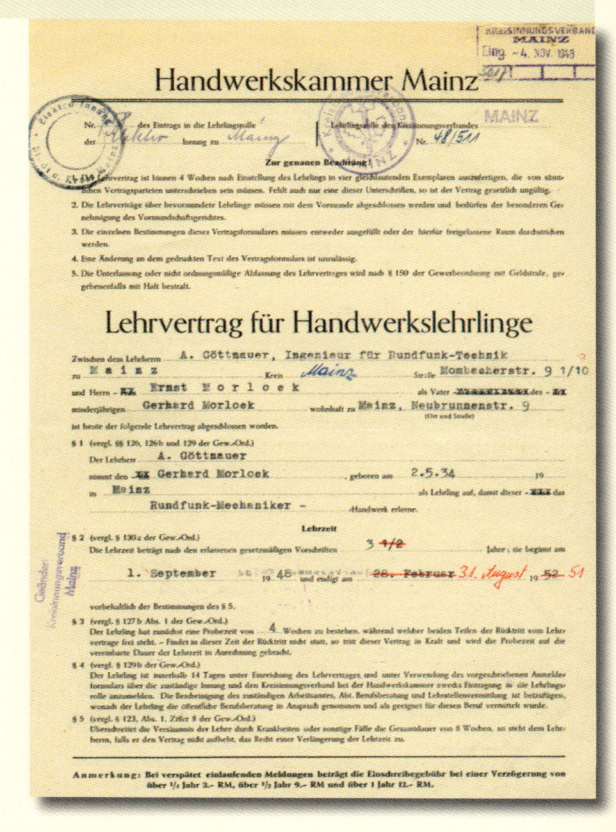

Wissenschaftler, Unternehmer und Visionär Dr. Schott. Fast erahnt man Schotts Visionen von der Zukunft seiner neuen Glaswerke. Ein einsamer Mann vor einem Trümmerfeld, das die Zerstörung seines Lebenswerkes und die Perspektivlosigkeit für sein Unternehmen unter dem Kommunismus in der Ostzone symbolisiert, gleichzeitig aber für den Beginn einer neuen „Schott-Ära" in Mainz steht.

Chronik

1951

Am 9. Mai unterzeichnen Dr. Erich Schott und Oberbürgermeister Franz Stein den Vertrag über die Ansiedlung des Hauptwerks „Jenaer Glaswerke Schott & Genossen" in Mainz.

1951

Am 25. Juni wird mit den Bauarbeiten für das neue Glaswerk begonnen.

1951

In Korea ist Krieg. Wir bangen um unseren noch jungen Frieden.

1951

Am 24. November wird das Stadttheater Mainz feierlich wiedereröffnet. Festansprachen halten u. a. der französische Hohe Kommissar Francoire Poncet und Peter Altmeier, der Ministerpräsident von Rheinland-Pfalz.

1952

Am 10. Mai wird in Mainz das neue Hauptwerk „Jenaer Glaswerke Schott & Genossen" feierlich seiner Bestimmung übergeben und mit einem sogenannten „Hafenguss" in Betrieb genommen.

1952

Am 25. Dezember ist offizieller Start des Nachkriegsfernsehens in Deutschland. Wir empfangen den Kanal 8 vom Sender Feldberg im Taunus. Das Programm dauerte knapp zwei Stunden.

1952

Am 26. Dezember sehen wir erstmals die Tagesschau.

Die Ruinen von St. Christoph erinnern an die Opfer des 27. Februars 1945.

Die Ludwigstraße 1960 – der Wiederaufbau schreitet voran.

Motorroller wie die NSU Lambretta erlaubten die Fahrt „in Schale" mit modischem Zweireiher und Wildlederschuhen.

Hinein ins gesellschaftliche Leben

1951 – welch ein Kontrast zu den beiden letzten Jahren! Zum Ball, Tanzturnier und anderen Festivitäten von besonderem Rang gingen wir ausschließlich im dunkelblauen Einreiher oder anthrazitfarbenen, zweireihigen Anzug, weißem Hemd mit Manschettenknöpfen, dazu eine zum Windsorknoten gebundene silberfarbene Krawatte und in eleganten schwarzen Schuhen. Etwas später bekamen wir Jungens mit elterlichem Zuschuss unseren ersten Smoking. Unsere Damen sahen in ihren Cocktail- oder Abendkleidern und ihren hübschen Frisuren zum Anbeißen aus. Sie sahen so gut aus, dass man im Ausland von dem deutschen „Fräuleinwunder" sprach. Wir holten unsere Begleiterin mit einem Sträußchen oder einer Schachtel Pralinen „Trumpf Blau Gold" vor ihrer Wohnung ab. Fausts galante Frage „Mein schönes Fräulein darf ich wagen, meinen Arm und Geleit ihr anzutragen?" brachte einem Punkte weiblicher Sympathie ein.

Gute Manieren wurden in unserer Zeit groß geschrieben. Auf der Straße ging der Herr stets auf der Fahrbahnseite. Nie wäre es uns in den Sinn gekommen, unsere Damen den Gefahren oder Verschmutzungen durch vorbeifahrende Autos auszusetzen. Bei Tisch setzten wir uns erst, nachdem wir unserer Tischdame den Stuhl zurechtgerückt hatten. Wir sprachen uns gegenseitig mit „Fräulein" und „Herr" an. Ganz selten kam es vor, dass wir bereits bei der Vorstellung (mit Verbeugung natürlich) unseren Vornamen nannten. Das „Du" reifte ganz allmählich. Spannend war die Zeit, in der wir uns näher kamen. Die Mädchen zierten sich so lange vor einem Kuss, bis sie es schließlich selbst nicht mehr aushielten. Wir waren keine „arroganten, feinen Pinkel"; wir hatten von unseren Eltern eine gute Erziehung und den Respekt vorm anderen Geschlecht mitbekommen. Es gab „Bräuteschulen", in denen die jungen Damen auf ihr künftiges Leben als gute Ehefrau, Hausfrau und Mutter vorbereitet wurden. Wer etwas auf sich hielt, besaß Bücher über das vorbildliche Benehmen, z. B. „Der Gute Ton". Nach der gemeinsamen Lektüre der ersten Seiten konnten wir das Lachen nicht zurückhalten und warfen die „Schinken" in die Dreckeimer. Wenn am Nylonstrumpf mal eine Masche lief, hatten wir ein Fläschchen farblosen Nagellack bereit.

Aufklären mussten wir uns selbst. Wörter wie „Geschlechtsverkehr", „Kondome" (hießen damals „Pariser" oder einfach „Gummis"), nahm man nicht in den Mund – sexuelle Freizügigkeit gehörte sich einfach nicht. Auch in den Kinofilmen war diesbezüglich nichts zu holen. Wir Jungen waren unseren Mädchen scheinbar eine Nasenlänge voraus, dachten wir jedenfalls. Kurz und gut, grau war uns alle Theorie, nur die Praxis brachte das angestrebte Wissen! Als wir mit unseren Bikini-Nixen in den Rheinbädern flanierten, glich das einem Spießrutenlauf. Die verächtlichen Blicke und gehässigen Worte der „Alten" ließen uns jedoch kalt, sie machten uns in gewissem Sinn sogar stolz.

Gerüstet zur Cocktail-Party, 1951

Im Sonntagsstaat, 1958. Das Täschchen war immer dabei.

Die erste eigene Wohnung, 1960

Petticoats und Halbstarke

Mit dem Rock 'n' Roll, seinen Interpreten und einem neuen Film-Genre, repräsentiert durch James Dean, Horst Buchholz, Karin Baal u. a., kamen auch in Deutschland die „Halbstarken" auf. In ihren Lederjacken streiften sie zu Fuß oder auf Motorrädern in rücksichtsloser Fahrt durch die Stadt. Ihr rüpelhaftes Benehmen, Sachbeschädigungen und Schlägereien eingeschlossen, kennzeichneten sie. Die waren mitunter so rabiat, dass sie nach Rock'n'Roll-Konzerten die Saaleinrichtungen zerschlugen. Wir wollten mit ihnen nichts zu tun haben. Wo immer möglich, gingen wir, schon im Interesse unserer Mädchen, diesen Rabauken aus dem Weg. Wir scheuten aber auch keine Auseinandersetzung, wenn wir nicht gerade unsere besten Klamotten anhatten. Als Halbstarker war ein Jugendlicher im Grenzbereich zum Erwachsenwerden. In diesem Sinn waren natürlich auch wir „Halbstarke", aber die lebenden Beweise dafür, dass man auch zivilisiert erwachsen werden konnte.

Auf einmal waren sie da: die Petticoats und Pferdeschwänze. Beide machten unsere Mädchen noch attraktiver. Der Petticoat musste unter dem Rocksaum ein bisschen hervorspitzen, vor allem aber weit ausladen und schön schwingen. Unter den verschiedensten Methoden dies zu erreichen, kamen unsere Mädchen auf die ausgefallensten Ideen. Manche nähten einen Hula-Hoop-Reifen in den Unterrock, andere dicke Kupferdrähte.

In den Neubauwohnungen hatte man bereits Badezimmer, in Altbauten und Behelfswohnungen waren sie eher eine Ausnahme. Wir gingen einmal in der Woche in das „Volksbad", wo man sich eine Badekabine mieten konnte.

Rudi Schuricke besang „Die Capri-Fischer" und löste bei uns Fernweh aus.

Die Capri-Fischer

Wenn bei Capri die rote Sonne im Meer versinkt
und vom Himmel die bleiche Sichel des Mondes blinkt,
zieh'n die Fischer mit ihren Booten aufs Meer hinaus
und sie legen im weiten Boge die Netze aus.
Nur die Sterne sie zeigen Ihnen am Firmament
ihren Weg mit den Bildern, die jeder Fische kennt
und von Boot zu Boot das alte Lied erklingt,
hör von fern, wie es singt:
Bella, bella, bella Marie,
bleib mit treu, ich komm' zurück morgen Früh.
Bella, bella, bella Marie,
vergiss mich nie.

Viele Wünsche und das erste selbst verdiente Geld

Die Befriedigung der aufgestauten Träume, Wünsche, Bedürfnisse und Sehnsüchte erfolgte in „Wellen". Zunächst wollten wir uns wieder richtig satt essen und echten Bohnenkaffee statt Muckefuck trinken. Auf die „Fresswelle" folgten die „Reise-, die Anschaffungs-, die Unterhaltungs- und die Bildungswelle". Den ganzen Tag über dudelten überall Schlager wie „Die Rose von Hawaii", „Capri-Fischer", „Arrivederci Roma", „Der weiße Mond von Maratonga". Sie weckten unsere Sehnsucht nach fernen Ländern, insbesondere nach Italien. Das Wirtschaftswunder war nicht mehr aufzuhalten. Radiogerät, Waschmaschine, Nierentisch, Schalen- und Cocktailsessel, Gummibaum, Tulpenleuchte, Isetta, Goggomobil, VW Käfer und, und, und – man wollte all dies möglichst schnell und alles auf einmal besitzen. „Neckermann macht's möglich" hieß ein sehr populärer Slogan. Der Konsum wurde dank hunderttausender Ratenverträge angeheizt. Die Zinsen betrugen zwischen 0,5 und 1% pro Monat. Manch einer hat sich dadurch finanziell übernommen. Man sprach von einer „überhitzten Konjunktur".

1950/51 war es trotz guter Abschlüsse nicht einfach, einen Arbeitsplatz zu finden. Auch hier war „Vitamin B" nicht von Nachteil. Mancher Lehrherr, der den Gesellen oder Kaufmannsgehilfen nicht weiter beschäftigen konnte, vermittelte den Ausgelernten an einen seiner Geschäftsfreunde. So geschah es auch mir und zweien meiner Freunde. Wir konnten dank unserer bisherigen Chefs

Wünsche über Wünsche: Radio, Waschmaschine und das erste Fernsehgerät

Radioprospekt der Firma Neckermann 1955

unmittelbar nach unserer Prüfung in einer bekannten Rundfunk-Spezialgroßhandlung in Mainz mit einem Gehalt von 160,00 DM im Monat anfangen. 160,00 DM für junge Leute im Jahr 1951! Das war viel Geld. Mit siebzehn hatten wir nicht nur Träume, sondern schon ganz realistische Vorstellungen von unserer beruflichen Laufbahn. Jetzt konzentrierten wir uns auf Ausbildung, Freundschaften und die Zuneigung zum anderen Geschlecht. Unsere meistgelesene Zeitschrift war die „TWEN". Irgendwann hieß es dann „Adieu Kindheit und Jugendzeit". Freundinnen und Freunde fanden ihre große Liebe, heirateten, wechselten vielleicht den Wohnort oder suchten ihre Lebensziele im Ausland. Kinder wurden geboren, nun war man Familie. Nach und nach löste sich unser Kreis auf. Neue Bekanntschaften und Freundschaften mit völlig anderen Interessen wurden geschlossen. Vor uns lag eine verheißungsvolle Zukunft. Wir glitten hinüber in ein neues Jahrzehnt. Mit Zuversicht, Fleiß und Ehrgeiz starteten wir in das Jahr 1960.

Chronik

1954
Am 4. Juli wird das Endspiel der Fußball-WM in Bern live übertragen. Im Fernseh-Vorführraum der Firma Willi Jung K.G., Spezialgroßhandlung für Rundfunk und Fernsehen, treffen sich die Mitarbeiter vor den Bildschirmen. „Tor, Tor, Tor, Tor, aus, aus, aus, das Spiel ist aus, Deutschland ist mit 3:2 gegen Ungarn Weltmeister...", dem Sportreporter Herbert Zimmermann verschlägt es fast die Stimme.

1954
Am 31. Oktober wird die wiedererstandene Christuskirche eingeweiht.

1954
Der Rhein friert zu, es werden bis –28°C gemessen.

1956
Städtepartnerschaft mit Watford.

1956
Ab 1. Oktober ertönen zum ersten Mal die schmetternden Fanfaren und die „kräftige" Ansage „Hier ist das Deutsche Fernsehen mit der Tagesschau". Das erste Logo zeigte den später wohl berühmtesten Antennenwald der Republik.

1956
Am 17. Oktober etabliert sich unter der Leitung von Hans Dieter Hüsch im Keller eines Hauses in der Mittleren Bleiche das Kabarett „Arche Nova".

1957
Gibt es bereits eine Million angemeldete Fernsehgeräte.

Am Kiosk informierten wir uns über die neueste Mode und kauften die „Twen".

Die Stadt, in der wir aufgewachsen sind,

ist so ganz anders als alle Städte dieser Welt.

Weißt Du noch? Hier drüben war das alte Kino, und dort die Straßenecke, wo wir heimlich den ersten Kuss tauschten. Wer erinnert sich nicht gern an die vertrauten Orte seiner Kindheit und Jugend – den Bolzplatz am Stadtrand, das alte Schultor oder die verrauchte Kneipe, in der nächtelang diskutiert wurde? Anderen fallen das Quietschen der Straßenbahn ein oder der Duft von frisch gebackenem Blechkuchen ... und natürlich die Kindheits- und Jugendgeschichten, die man sich noch heute unter Freunden gern erzählt.

Kurzweilige Texte, ergänzt durch zahlreiche Fotografien der Zeit, wecken Erinnerungen an die ganz alltäglichen Dinge, wie wir sie alle in unserer Stadt erlebten.

Bücher aus dieser Reihe gibt es für Berlin, Bremen, Chemnitz, Dresden, ...
... und viele andere Städte & Regionen in Deutschland!

www.**kindheitundjugend**.de

Das persönliche Geschenkbuch für alle, die sich gerne an die Kindheit und Jugend in ihrer Stadt erinnern ...

Gerd Morlock

Aufgewachsen in
MAINZ
in den *40er* und *50er* Jahren

ISBN 978-3-8313-1870-4

Gerlinde Weis

Aufgewachsen in
MAINZ
in den *60er* und *70er* Jahren

ISBN 978-3-8313-1884-1

Unsere Bücher erhalten Sie im Buchhandel vor Ort oder direkt bei uns:

Wartberg Verlag GmbH & Co. KG
Im Wiesental 1, 34281 Gudensberg-Gleiche
Tel.: 05603/93 05-0, Fax: 05603/93 05-28
E-Mail: info@wartberg-verlag.de
Online-Shop: www.**wartberg-verlag**.de